Mobbing

So wehren Sie sich gegen Anfeindungen im Job

Margit Böhme

2. Auflage

So nutzen Sie dieses Buch

Die folgenden Elemente erleichtern Ihnen die Orientierung im Buch:

Beispiele
In diesem Buch finden Sie zahlreiche Beispiele, die die geschilderten Sachverhalte veranschaulichen.

Definitionen
Hier werden Begriffe kurz und prägnant erläutert.

Die Merkkästen enthalten Empfehlungen und hilfreiche Tipps.

Auf den Punkt gebracht

Am Ende jedes Kapitels finden Sie eine kurze Zusammenfassung des behandelten Themas.

Inhalt

Vorwort

Mobbing ist eine der schlimmsten Erfahrungen, die ein Arbeitnehmer machen kann. Die Auswirkungen der Schikanen und Anfeindungen bleiben nicht auf den Arbeitsplatz beschränkt: Sie reichen bis in das Privatleben hinein und oft wird der Gemobbte sogar krank. Wegen dieser schlimmen Folgen muss ein von Mobbing betroffener Arbeitnehmer unbedingt schon in einem frühen Stadium versuchen, das Mobbing zu unterbinden. Wie in vielen anderen Lebenssituationen hat ein „Aussitzen" des Problems nur die Verschärfung des Konflikts zur Folge. Mobbing löst sich nicht von allein – Sie müssen frühzeitig etwas tun, wenn Sie nicht der Verlierer dieses Konflikts am Arbeitsplatz sein wollen.

Sie können auf unterschiedliche Weise von Mobbing-Situationen betroffen sein: Entweder sind Sie selbst Opfer oder Sie müssen zusehen, wie eine Kollegin oder ein Kollege gemobbt wird. In beiden Fällen können Sie etwas tun. Ihre Handlungsmöglichkeiten sind vielfältiger, als es auf den ersten Blick den Anschein hat. Dieser Ratgeber bietet Ihnen eine Zusammenfassung sämtlicher Rechte des von Mobbing betroffenen Arbeitnehmers. Er zeigt auch auf, wie Sie in konkreten Mobbing-Situationen angemessen und interessengerecht reagieren können. Anhand von Beispielen wird erklärt, in welchen Konfliktsituationen welche Reaktionen für Sie die besten sind.

Obwohl es in Deutschland kein Anti-Mobbing-Gesetz gibt, stellt das Arbeitsrecht dem von Mobbing betroffenen Arbeitnehmer wirkungsvolle Instrumente zur Lösung der Konfliktsituation zur Verfügung. Anhand zahlreicher Beispielsfälle lernen Sie diese Instrumente kennen und erfahren, wie Sie sie anwenden. Nach der Lektüre dieses Ratgebers werden Sie in der Lage sein, Ihre eigene Situation korrekt einzuschätzen und richtig zu reagieren.

Auf keinen Fall sollten Sie aufgeben. Sie werden sehen: Es gibt zahlreiche Möglichkeiten, sich erfolgreich zur Wehr zu setzen. Lassen Sie sich nicht unterkriegen!

Ihre Margit Böhme

Das Phänomen „Mobbing“

Mobbing gab es schon immer. Nur hatten Verhaltensweisen, die heute als „Mobbing“ bezeichnet werden, in der Vergangenheit keinen Namen. Das machte die Situation für die Betroffenen noch schwerer: Wie sollte man sich gegen etwas wehren, das noch nicht einmal benannt werden konnte? Zwar hat man früher durchaus darüber gesprochen, dass ein Mitarbeiter „schikaniert“ wird. Ein Bewusstsein dafür, dass die Schikanen über die Einzelhandlungen hinaus eine Bedeutung in einem größeren Zusammenhang haben, gab es jedoch nicht. Allerdings konnte man dem Mobbing vor einigen Jahren noch eher durch einen Arbeitsplatzwechsel entgehen. Bei der heutigen Arbeitsmarktlage ist das meist nicht mehr so einfach.

Die Sensibilität gegenüber Mobbing ist in den letzten Jahren sowohl in der Öffentlichkeit als auch in den Betrieben selbst gestiegen. Es wurde sogar eine groß angelegte Studie durchgeführt, um das Phänomen „Mobbing“ systematisch zu ergründen. Man weiß heute mehr über Mobbing als noch vor einigen Jahren. Aber nicht nur das Wissen ist umfangreicher geworden. Es hat sich auch die Erkenntnis durchgesetzt, dass es viele Wege gibt, Mobbing zu beenden oder zu verhindern.

Wie wird „Mobbing“ definiert?

Es gibt keine allgemeingültige oder in einem Gesetz niedergelegte Definition von „Mobbing“. Das Problem von Definitionen liegt darin, dass sie in Grenzfällen einfach nicht weiterhelfen. Ein eindeutiger Mobbing-Tatbestand wird als solcher ohne Weiteres erkannt. Ist eine Handlung hingegen nicht klar als Mobbing einzuordnen, hilft leider auch eine ganz ausführliche Definition nicht weiter. Dennoch wird Mobbing immer wieder wie folgt beschrieben:

Mobbing

Mobbing ist eine konfliktbelastete Kommunikation am Arbeitsplatz unter Kollegen oder zwischen Vorgesetzten und Untergebenen, bei der die angegriffene Person unterlegen ist und von einer oder einigen Personen systematisch, oft oder während einer längeren Zeit mit dem Ziel oder dem Effekt des Ausstoßens aus dem Arbeitsverhältnis direkt oder indirekt angegriffen wird und dies als Diskriminierung empfindet.

Unter „Mobbing" versteht man also persönlichkeitsschädigende Handlungen, die letztlich zu psychologisch nachweisbaren Traumatisierungen des Opfers führen. Die Mobbing-Handlungen sind fortgesetzt oder aufeinander aufbauend bzw. ineinander übergehend. Sie müssen nicht eine bestimmte Zeit lang andauern, ebenso wenig ist ein vorgefasster Plan erforderlich – eine Fortsetzung des Verhaltens unter schlichter Ausnutzung der Gelegenheiten ist ausreichend. Eines oder mehrere Vorkommnisse am Arbeitsplatz können nur dann Mobbing sein, wenn sie zu dieser Definition passen.

Es wurden bereits viele Versuche unternommen, Mobbing zu definieren. Allen Definitionen ist gemeinsam, dass sie in der Praxis kaum weiterhelfen. Die rechtliche Würdigung eines als „Mobbing" bezeichneten Sachverhalts hat nach der Rechtsprechung des Bundesarbeitsgerichts danach zu erfolgen, ob arbeitsrechtliche Pflichten oder ein Recht des

Arbeitnehmers verletzt wurden. Aus diesem Grund sprechen Arbeitsrechtler ungern von „Mobbing" – sie legen den Schwerpunkt ihrer Überlegungen auf die Feststellung der Verletzung von Rechten des gemobbten Arbeitnehmers. Hierzu gehört auch die Prüfung, ob der Arbeitgeber seine Fürsorgepflicht gegenüber dem gemobbten Arbeitnehmer verletzt hat.

Im Einzelfall können bereits wenige Mobbing-Handlungen ausreichen, um den Mobbing-Tatbestand zu erfüllen.

> ***Mobbing aus Sicht der Rechtsprechung***
> *Nach der Rechtsprechung reichen neun Mobbing-Handlungen innerhalb von 3½ Jahren für das Vorliegen von Mobbing nicht aus. 20 genau dokumentierte Vorfälle innerhalb von elf Monaten reichen dagegen aus.*

Bei der Dokumentation von Mobbing-Handlungen muss darauf geachtet werden, dass die Schilderungen nicht pauschal sind. Sie werden in diesem Ratgeber immer wieder darauf hingewiesen, wie wichtig es ist, dass Sie den Mobbing-Verlauf dokumentieren.

> ***Häufigkeit dokumentieren***
> *Ein Mitarbeiter blickt dreimal in der Woche seinen Kollegen ohne Grund grimmig an. Oder: Der Vorgesetzte schreit den Arbeitnehmer täglich grundlos an.*

Das zentrale Problem in vielen Mobbing-Fällen besteht darin, das Mobbing von rechtlich erlaubten Streitigkeiten am Arbeitsplatz zu unterscheiden.

Eine Frage der Interpretation

Ein Arbeitnehmer greift ständig nach den Kugelschreibern seines Kollegen und erhält so im Laufe der Zeit eine ansehnliche Kugelschreibersammlung. Der Kollege gelangt deshalb zu der Auffassung, dass dieses Verhalten nur Absicht sein kann und sicherlich der Anfang von weiteren Schwierigkeiten im Umgang miteinander ist. Dabei lag nur Gedankenlosigkeit vor.

Mobbing besteht immer aus mehreren Einzelakten: Die Gesamtheit von Einzeltaten ist es, die zu einer Verletzung des Persönlichkeitsrechts oder der Gesundheit des Arbeitnehmers führt – und nicht einzelne, voneinander abgrenzbare Handlungen. Dabei können die einzelnen Teilakte der als Mobbing anzusehenden Gesamthandlung jeweils für sich betrachtet rechtlich „neutral" sein.

Systematisches Ausgrenzen

Morgens wird ein Gruß nicht erwidert. In der Pause spricht niemand mit dem Gemobbten und Versuche des Mobbing-Opfers, sich in Gespräche einzubringen, werden abgeblockt. Kommt es nur ganz vereinzelt dazu, dass ein bestimmter Arbeitnehmer beispielsweise nicht gegrüßt wird, liegt noch kein Mobbing vor. Erst bei einem systematischen Ausgrenzen dieses Arbeitnehmers kann Mobbing vorliegen.

Nun stellt sich die Frage, wie viele einzelne Mobbing-Handlungen innerhalb eines bestimmten Zeitraums erfolgen müssen, damit man von „Mobbing" sprechen kann. Hier gibt es leider keine feste Regel. Eine Mobbing-Handlung pro Woche kann in einem Fall ausreichend sein, in einem anderen Fall hingegen nicht.

Bossing

Ein Vorgesetzter zitiert jeden Mittwoch einen bestimmten Arbeitnehmer in sein Büro, um ihn wegen angeblich schlechter Arbeitsleistungen zur Aufhebung seines Arbeitsvertrags zu bewegen. Er versucht jeweils über eine Stunde lang, den Arbeitnehmer davon zu überzeugen, dass diese Lösung auch für ihn selbst das Beste sei. Zwar endet das Gespräch immer damit, dass der Arbeitnehmer dem Vorgesetzten deutlich sagt, dass er am Arbeitsverhältnis festhalten möchte. Das hindert den Vorgesetzten jedoch nicht, am nächsten Mittwoch das gleiche Gespräch zu führen. In diesem Fall liegt Mobbing in Form von Bossing vor.

Wenn Sie von Ihrem Vorgesetzten zu einem Personalgespräch gebeten werden, müssen Sie dazu erscheinen. Das gilt vor allem dann, wenn der Inhalt Ihrer Arbeit bzw. Ihre Leistung und Ihr Verhalten am Arbeitsplatz Gegenstand des Gesprächs sind. Hat dieses Gespräch allerdings ausschließlich die vom Arbeitgeber gewünschte Aufhebung Ihres Arbeitsvertrags zum Gegenstand, können Sie das Treffen verweigern.

Als Grundsatz können Sie sich merken: Je schwerer die Mobbing-Handlung wiegt, desto seltener braucht sie vorzukommen.

Mobbing muss immer eine gewisse Systematik aufweisen: Die einzelnen Handlungen müssen ein mehr oder weniger einheitliches Bild ergeben. An dieser Systematik kann es fehlen, wenn ein Arbeitnehmer von verschiedenen Vorgesetzten, die nicht zusammenwirken, kritisiert oder schlecht beurteilt wird.

Kein System erkennbar

Ein im Vertrieb eines Unternehmens tätiger Arbeitnehmer leidet darunter, dass sein Vorgesetzter oft harsche Kritik an seiner Leistung äußert und ihn auch sonst benachteiligt. Zudem wird ihm von einem Sachbearbeiter der Buchhaltung immer wieder vorgeworfen, dass seine Kunden nie pünktlich bezahlten. Die Kunden der Kollegen hingegen hätten eine gute Zahlungsmoral. Der Arbeitnehmer fühlt sich von seinem Vorgesetzten und dem Kollegen aus der Buchhaltung gemobbt. Hier fehlt jedoch der systematische Zusammenhang der Mobbing-Handlungen. Der Vorgesetzte und der Mitarbeiter der Buchhaltung haben nichts miteinander zu tun.

Dieser Beispielfall wäre anders zu beurteilen, wenn der Vorgesetzte des Arbeitnehmers und der Sachbearbeiter der Buchhaltung hinsichtlich des gemobbten Arbeitnehmers in Kontakt stünden: wenn sie beispielsweise davon sprächen, dass dieser Arbeitnehmer „ein wenig mehr Druck braucht", oder sich einig wären, dass man an diesem Arbeitnehmer seinen „Frust auslassen" kann.

An der erforderlichen Systematik kann es auch dann fehlen, wenn zwischen den einzelnen Teilhandlungen lange zeitliche Zwischenräume liegen.

Handlungen nicht häufig genug

Das Landesarbeitsgericht Schleswig-Holstein hat entschieden, dass es nicht ausreicht, wenn für einen Zeitraum von 13 Monaten lediglich 17 Mobbing-Handlungen genannt werden. Die gerügten Verhaltensweisen hätten sich über einen Zeitraum von sechs Monaten mindestens wöchentlich wiederholen müssen.

Wenn Sie sich Gedanken machen, ob Ihre unerträgliche Situation am Arbeitsplatz Mobbing ist, hat also nicht nur eine bestimmte Zahl an problematischen Vorfällen vorzuliegen. Hinter diesen Vorfällen muss auch ein System stecken. Ob die Angriffe System haben, können Sie feststellen, indem Sie sie – so schwer es auch fällt – schriftlich festhalten. So erkennen Sie am besten, ob die Vorkommnisse nur eine zufällige Häufung sind oder ob systematisches Mobbing vorliegt.

Eine zufällige Häufung von problematischen Situationen kommt oft dann vor, wenn ein Unternehmen vor einer Umstrukturierung steht. Dann ist nahezu jeder Mitarbeiter verunsichert, weil niemand weiß, welche Arbeitsplätze bestehen bleiben und wie es mit dem Unternehmen weitergeht. Und gerade diese Situationen sind es, die Mobbing fördern. Mancher Arbeitnehmer versucht, sich selbst positiv in den Vordergrund zu stellen, indem er Kollegen verunsichert und schikaniert.

Typisch für das Mobbing ist allerdings, dass nur einzelne Mitarbeiter angegriffen, ausgegrenzt oder schikaniert werden. Nur selten werden mehrere Arbeitnehmer gleichzeitig gemobbt.

Ein weiteres Kennzeichen von Mobbing ist die klare Täter-Opfer-Beziehung. Kann in einer Konfliktsituation weder ein Opfer noch ein Täter festgestellt werden, so liegt kein Mobbing vor. In solchen Fällen sollte man eher von einem „schlechten Betriebsklima" sprechen.

Mobbing liegt auch dann nicht vor, wenn innerhalb eines Unternehmens Konflikte zwischen einzelnen Abteilungen existieren. Nicht immer haben alle Abteilungen eines Unternehmens dieselben Ziele.

Unterschiedliche Ansichten

Der Controller und seine Abteilung wünschen eine genaue Dokumentation von Vorgängen im Unternehmen. Die Abteilung Verkauf hingegen wünscht Flexibilität und vor allem wenig Bürokratie. Die Notwendigkeit der Dokumentation von Vorgängen wird von den Mitarbeitern des Controllings und des Verkaufs unterschiedlich beurteilt.

Haben verschiedene Abteilungen unterschiedliche Ziele, so kann dies zu Konflikten führen, die auch die Mitarbeiter dieser Abteilungen betreffen. Setzt nun ein Arbeitnehmer die Ziele seines Arbeitsbereichs besonders zielstrebig um, so kann dies zu Beeinträchtigungen der Zusammenarbeit mit Kollegen anderer Abteilungen führen. Hier liegt kein Mobbing-Sachverhalt vor, obwohl durchaus eine systematische Vorgehensweise erkannt werden könnte.

Was sind typische Mobbing-Handlungen?

Wenn Sie unsicher sind, ob die Belästigungen am Arbeitsplatz Mobbing sind, hilft Ihnen die folgende Aufzählung typischer Mobbing-Handlungen weiter. Selbstverständlich können hier nicht alle möglichen Tatbestände abschließend beschrieben werden, da ihre Erscheinungsformen vielfältig sind und sie sich immer aus konkreten Arbeitssituationen entwickeln.

Dennoch haben Untersuchungen ergeben, dass es im Arbeitsleben typische Verhaltensweisen gibt, die Mobbing darstellen. Meist werden 45 typische Mobbing-Handlungen beschrieben, die auf Prof. Heinz Leymann zurückgehen. Es gibt auch Listen, die noch mehr beispielhafte Mobbing-Handlungen enthalten. Diese Listen vermitteln ein Gespür für mobbingrelevantes Verhalten. Je mehr dieser Verhaltensweisen Sie an Ihrem Arbeitsplatz beobachtet haben, desto wahrscheinlicher liegt ein Mobbing-Tatbestand vor.

Arbeitsorganisation und Arbeitsleistung

Der Bereich der Arbeitsorganisation und Arbeitsleistung ist besonders häufig dann betroffen, wenn Mobbing in erster Linie vom Arbeitgeber ausgeht, also Bossing vorliegt. Bossing kann durch

- Zuteilung unlösbarer oder sinnloser Aufgaben,
- ständiges Kritisieren der Arbeitsleistung oder
- mehrfache ungerechtfertigte Abmahnungen

ausgeübt werden. Auch die negative Beeinflussung der Arbeitsergebnisse kann vorkommen.

> ### *Unterstellung von Nachlässigkeit*
> *Eine Sekretärin schreibt zehn Diktate und legt diese zur Unterzeichnung vor. Der Vorgesetzte nimmt die Dokumente zur Unterzeichnung in sein Arbeitszimmer und moniert danach das Fehlen eines Diktats. Er wirft der Sekretärin vor, nur neun Diktate geschrieben zu haben.*

Mobbing durch Vorgesetzte kann auch dadurch erfolgen, dass der betroffene Arbeitnehmer ständig bei seiner Arbeit gestört wird, indem

- Weisungen mehrfach abgeändert werden und der Arbeitnehmer dadurch seine Aufgabe nur verzögert beenden kann,

- der Arbeitnehmer permanent unterbrochen wird oder
- er vor Störungen wie Lärm nicht geschützt ist.

Fast immer ist Mobbing und vor allem Bossing durch gezielte Fehlinformation geprägt. Mit dem gemobbten Arbeitnehmer wird ohnehin nicht viel gesprochen, sodass auch wichtige Informationen unterbleiben. Er wird beispielsweise nicht mehr über den Inhalt und die Ergebnisse von Besprechungen informiert oder Rundschreiben o. Ä. werden nicht an ihn weitergeleitet.

Wie gesagt, ist die Zuweisung von sinnlosen und überflüssigen Tätigkeiten ebenfalls eine Ausprägung von Mobbing:

> ***„Beschäftigungstherapie“***
> *Ein Arbeitnehmer wird angewiesen, alte Tageszeitungen abzuheften, obwohl der Inhalt dieser Zeitungen nicht mehr benötigt wird.*

Mobbing liegt auch dann vor, wenn gar keine Anweisungen gegeben werden. Dadurch soll der Arbeitnehmer seine Freude an der Arbeit verlieren. Oft ist Mobbing auch mit der Zuweisung eines anderen und weniger attraktiven Arbeitszimmers verbunden.

Auch das systematische Unterfordern ist Mobbing. In die andere Richtung zielt das bewusste Überfordern des Arbeitnehmers, indem Anweisungen gegeben werden, die dieser nicht ausführen kann. Mobbing liegt aber nur dann vor, wenn dem Vorgesetzten bzw. dem Arbeitgeber bewusst ist, dass der Arbeitnehmer mit der Aufgabe überfordert ist. Solche überfordernden Anweisungen liegen beispielsweise dann vor, wenn

- auch kein anderer Arbeitnehmer diese Aufgabe übernehmen kann, weil sie schlicht objektiv unlösbar ist,
- die Aufgabe nicht dem Ausbildungsstand des Arbeitnehmers entspricht oder
- dem Arbeitnehmer zu viele Aufgaben übertragen werden, die in der vorhandenen Zeit nicht zu schaffen sind.

Zum Mobbing durch Überfordern gehört auch, dass der betroffene Arbeitnehmer für Fehlzeiten – beispielsweise wegen Arbeitsunfähigkeit, Urlaub oder Fortbildung – keine Vertretung durch Kollegen erhält. Der Arbeitnehmer muss nach der Rückkehr an seinen Arbeitsplatz den Rückstand selbst aufarbeiten. Selbstverständlich liegt nur Mobbing vor, wenn für den konkreten Arbeitsplatz eine Vertretung notwendig ist. Wenn die Arbeit tatsächlich liegen bleiben kann, braucht für den abwesenden Arbeitnehmer keine Vertretung bestellt zu werden.

Mobbing erfolgt auch durch die Verweigerung von Arbeitsschutz und Arbeitssicherheit.

> *Arbeit ohne Schutz*
> *Ein Arbeitnehmer an einem Häcksler wird angewiesen, den vorhandenen Schutzmechanismus zu deaktivieren, damit schneller gearbeitet werden kann.*

Wird ein Arbeitnehmer auf einer höheren Hierarchiestufe gemobbt, werden ihm häufig Kompetenzen und Zuständigkeiten entzogen. Hierzu gehört auch das Anzweifeln seiner Kompetenz – auch vor dessen nachgeordneten Mitarbeitern. Diese Ausprägung von Mobbing ist für den Betroffenen besonders problematisch, da er nicht nur von einer höheren

Hierarchieebene aus Mobbing-Angriffen ausgesetzt ist, sondern nach einer gewissen Zeit auch durch die nachgeordnete Hierarchiestufe Anfeindungen zu spüren bekommt. Mitarbeiter merken in der Regel sehr schnell, wenn ihr direkter Vorgesetzter das Vertrauen der Geschäftsleitung nicht mehr genießt.

> *Untergrabene Autorität*
> *Ein im mittleren Management tätiger Arbeitnehmer soll von seinem Arbeitgeber zur Beendigung des Arbeitsverhältnisses veranlasst werden. Da dieser Mitarbeiter eine einvernehmliche Aufhebung des Arbeitsvertrags ablehnt und keine Gründe für eine arbeitgeberseitige Kündigung vorliegen, entschließt sich der Arbeitgeber, diesen Arbeitnehmer „hinauszumobben". Die Leistung dieses Arbeitnehmers wird vom Arbeitgeber vor nachgeordneten Mitarbeitern kritisiert, seine Anweisungen an Untergebene werden vom Arbeitgeber als „unsinnig" bezeichnet. Hierdurch wird die Autorität des gemobbten Arbeitnehmers untergraben und die Wahrscheinlichkeit, dass auch die nachgeordneten Mitarbeiter Mobbing-Angriffe starten, ist nicht gering.*

Mobbing im Bereich der Arbeitsorganisation ist auch das absichtliche Nicht-Bearbeiten beispielsweise von Urlaubsanträgen – vor allem dann, wenn die Anträge anderer Arbeitnehmer zügig bearbeitet werden und diese ihren Urlaub wunschgemäß genehmigt bekommen. Mobbing kann auch das völlig grundlose Versagen von Fortbildungen sein, sofern Kollegen auf der gleichen Hierarchiestufe oder in derselben Abteilung Fortbildungen erhalten.

Soziale Ausgrenzung

Mobbing erfolgt oft durch soziale Ausgrenzung. Die Ausgrenzung des Mobbing-Opfers passiert schnell, da Kollegen sich vom betreffenden Mitarbeiter zurückziehen, um nicht selbst möglicherweise zum Mobbing-Opfer zu werden. Ganz typisch sind folgende Verhaltensweisen:

- systematisches Ausgrenzen des Betroffenen von Gesprächen,
- kränkende Äußerungen über das Mobbing-Opfer oder
- Kommunikationsentzug wie beispielsweise Sich-Abwenden bei Gesprächsversuchen, Verweigerung der Begrüßung.

Die soziale Ausgrenzung erfolgt aber nicht nur durch Störungen im kommunikativen Bereich. Auch von den in einem Büro oder einer Werkstatt üblichen kollegialen Gesten wird der Betroffene ausgeschlossen.

> ***Kein Kaffee für den Mitarbeiter***
> *In einer Abteilung ist es üblich, dass die Sekretärin um 10 Uhr jedem Mitarbeiter anbietet, vom Automaten im Empfangsbereich einen Kaffee zu besorgen. Lediglich der gemobbte Arbeitnehmer wird nicht gefragt – jedenfalls seitdem er gemobbt wird.*

Die soziale Ausgrenzung des gemobbten Arbeitnehmers ist für diesen besonders belastend. Sie geht nicht nur vom Mobbing-„Haupttäter" aus; ausnahmslos jeder Kollege beteiligt sich daran. Ständige und ungerechtfertigte Kritik durch den Vorgesetzten mag zwar belastend sein – die unerträglichste Ausprägung von Mobbing ist jedoch die Ausgrenzung des

Betroffenen, denn in diesen Situationen steht er vollkommen allein da: Kein Kollege muntert ihn auf oder hört ihm wenigstens zu. Dem Gemobbten wird bewusst, dass er von seinen Kollegen keine Unterstützung erwarten kann. Dies ist umso schmerzlicher, als er vielleicht in der Vergangenheit zu manchen Kollegen ein gutes oder gar freundschaftliches Verhältnis hatte.

> ***Kaum noch Kommunikation***
> *Ein Arbeitnehmer ist seit acht Jahren im Unternehmen. Vom neuen Vorgesetzten wird zunächst lediglich seine Arbeitsleistung kritisiert. Dann verschwinden Unterlagen von seinem Schreibtisch und keiner der Kollegen will etwas bemerkt haben. Nach einiger Zeit spricht niemand mehr mit ihm und Gespräche verstummen, wenn er den Raum betritt.*

Wie gesagt, belastet die soziale Ausgrenzung die Betroffenen sehr stark. Jeder Arbeitnehmer ist auf Kommunikation angewiesen. Dabei ist nicht nur die Kommunikation im Hinblick auf die Arbeitsaufgabe gemeint, sondern auch die Kommunikation im täglichen Miteinander. Nur wenn es ein Mindestmaß an Kommunikation gibt, kann überhaupt gearbeitet werden.

Angriffe auf Selbstwertgefühl und Privatleben

Fast immer unternehmen Mobber auch Angriffe auf das Selbstwertgefühl und das Privatleben des Opfers.

Der Betroffene wird erniedrigt, von anderen bloßgestellt und in seiner Person abgewertet. Dies erfolgt beispielsweise durch Imitation seiner Mimik oder Gestik. Er wird mitunter auch auf Körpergerüche hingewiesen, die in Wahrheit nicht vorhanden sind. Da das Mobbing-Opfer ohnehin bereits verunsichert ist, kann durch solche Hinweise ein gesteigerter Reinlichkeitszwang entstehen, der seinerseits negative Folgen hat. Durch entsprechende Gesten wird der Gemobbte noch weiter verunsichert.

Auch das Kommentieren des Privatlebens des Betroffenen ist eine Mobbing-Handlung. Dabei bleibt oft kein Bereich verschont. Beispielsweise werden Freunde und Verwandte des Opfers schlechtgemacht. Auch seine privaten Interessen werden in negativer Weise kommentiert.

> *Passionierter Musiker*
> *Ein Arbeitnehmer ist engagiertes Mitglied in einem Musikverein und wird an seinem Arbeitsplatz gemobbt. Die aktiv mobbenden Kollegen imitieren in seiner Gegenwart Musiker, indem sie Luftgitarre spielen oder die Bewegungen eines Trompeters nachahmen, obwohl sie bemerken, dass diese Gesten ihm sehr unangenehm sind.*

Besonders problematisch wird die Situation für den von Mobbing betroffenen Arbeitnehmer, wenn er unter bestimmten Einschränkungen leidet, wie beispielsweise auffällige Körpermerkmale oder Sprachstörungen. Diese Besonderheiten werden im Rahmen von Mobbing herausgestellt oder imitiert. Sie werden auch dafür benutzt, um die generelle Eignung des Betroffenen für seine Arbeit anzuzweifeln. Auch Bezüge zum Charakter des Betroffenen werden hergestellt: Wer z. B. aufgrund einer Sprachstörung etwas langsamer spricht, wird bei Mobbing schnell auch als langsam denkend oder träge abgestempelt.

Mobbing wegen Erkrankung

Ein Arbeitnehmer leidet unter Neurodermitis. Diese Erkrankung wird zum Anlass genommen, seine Eignung für die ihm zugewiesenen Aufgaben infrage zu stellen, obwohl sie überhaupt nichts damit zu tun hat. Es wird zu Unrecht unterstellt, er leide nur deshalb an dieser Erkrankung, weil er überfordert sei.

„Scheinbares“ Mobbing

Manche Situationen am Arbeitsplatz werden als Mobbing bezeichnet, obwohl sie eigentlich kein Mobbing sind. Hierzu gehören allgemeine Unhöflichkeiten.

Griesgrämiger Kollege

Ein Arbeitnehmer grüßt seine Kollegen grundsätzlich nicht und verweigert kleine Gefälligkeiten wie beispielsweise das Mitbringen eines Papierblocks aus dem Materialraum.

Um Mobbing handelt es sich auch dann nicht, wenn ein einzelner Arbeitnehmer sich grundsätzlich unkorrekt verhält und sämtliche Kollegen unter diesem Verhalten leiden.

Fauler Strick

Ein Arbeitnehmer tut nur das Nötigste und zeigt generelles Desinteresse an seiner Arbeit. Seine Kollegen müssen diese Defizite auffangen, damit das gesamte Arbeitsergebnis nicht leidet. Dadurch entsteht ein Mehraufwand, der von den Kollegen als „Mobbing“ empfunden wird.

Mobbing liegt auch dann nicht vor, wenn der Arbeitgeber eine vom Arbeitnehmer als ungerecht oder falsch empfundene Anordnung oder sonstige arbeitsrechtliche Entscheidung trifft.

> ***„Ungerechte" Arbeitsverteilung***
> *Der Arbeitgeber weist einen Arbeitnehmer an, zusätzliche Aufgaben zu übernehmen, obwohl dessen Kollegen ebenfalls noch zeitliche Kapazitäten haben.*

Arbeitszeugnis

Im Zusammenhang mit der Erteilung von Arbeitszeugnissen und dienstlichen Beurteilungen kommt es immer wieder zu Auseinandersetzungen zwischen Arbeitnehmer und Arbeitgeber. Der Arbeitgeber bzw. Vorgesetzte holt bei Kollegen Informationen über den Arbeitnehmer ein, um dessen Leistung und Verhalten beurteilen zu können. Diese Informationsbeschaffung wird von manchen Arbeitnehmern als Mobbing empfunden, vor allem wenn das Ergebnis der Beurteilung oder der Inhalt des Arbeitszeugnisses nicht den eigenen Vorstellungen entspricht.

Mobbing liegt bei der Informationsbeschaffung dann vor, wenn der Vorgesetzte nicht diskret vorgeht, sondern sich bereits im Vorfeld subjektiv äußert. Mobbing bei der Erteilung von Arbeitszeugnissen und Beurteilungen liegt auch dann vor, wenn das Arbeitszeugnis gerade zu dem Zweck erstellt wird, den betroffenen Arbeitnehmer zum Gegenstand von Ermittlungen zu machen. Allerdings hat der Arbeitgeber grundsätzlich das Recht, den Leistungsstand eines Arbeitnehmers zu dokumentieren.

Wer ist von Mobbing betroffen?

Von Mobbing sind viele Arbeitnehmer betroffen. Tag für Tag leiden ca. eine Million Arbeitnehmer in Deutschland mehr oder weniger stark unter Mobbing-Attacken.

Grundsätzlich kann jeder zum Opfer werden. Mobbing ist keine Erscheinung, die bestimmte Hierarchieebenen besonders betrifft. Ungelernte Arbeiter können genauso wie Manager davon betroffen sein. Zwar unterscheiden sich in diesem Fall die Mittel der Mobbenden, dies ändert jedoch nichts an der Tatsache, dass ein Mobbender seinem Opfer das Arbeitsleben schwer macht.

Für Frauen ist im Vergleich zu Männern die Wahrscheinlichkeit höher, von Mobbing betroffen zu sein. Das liegt aber nicht daran, dass Frauen „schwächer“ oder eher bereit sind, eine Opferrolle einnehmen. Der Grund hierfür liegt darin, dass es meist Frauen sind, die geringfügig beschäftigt sind oder nur in Teilzeit arbeiten: Wer sich nicht von morgens bis abends am Arbeitsplatz aufhält, kann viel leichter von Informationen abgeschnitten werden. Auch der Aufbau eines unterstützenden Kollegenkreises fällt in einer solchen Situation schwer. Meist fehlt es Frauen durch eine lange Familienphase auch an der Erfahrung, wie mit Mobbern so umgegangen werden kann, dass Mobbing schon im Keim erstickt wird.

Bestimmte Berufe sind häufiger von Mobbing betroffen als andere – in manchen Branchen ist Mobbing weiter verbreitet als in anderen: Beispielsweise ist der soziale Bereich und auch Behörden überraschenderweise besonders vom Phänomen „Mobbing“ betroffen.

Die Beteiligten

Eine einheitliche Bezeichnung für die am Mobbing Beteiligten hat sich bisher noch nicht durchgesetzt. Oft wird von „Opfer" und „Täter" gesprochen. Diese Begriffe stammen aus dem Strafrecht und passen deshalb für die meisten Mobbing-Situationen nicht, denn meist bewegt sich das Mobbing nicht in einem strafrechtlichen Rahmen. Zudem ist der Begriff „Opfer" negativ besetzt und suggeriert die Wehrlosigkeit des Betroffenen. Besser wäre es deshalb, die wertfreie Bezeichnung „Betroffener" oder „Gemobbter" zu wählen. Die Bezeichnung „Mobbing-Opfer" hat sich jedoch im allgemeinen Sprachgebrauch durchgesetzt, da sich mit diesem Begriff die emotionale Situation des Gemobbten am besten beschreiben lässt. Der Täter wird oft auch als der „Mobbende" bezeichnet.

Bossing

Man hat festgestellt, dass in fast 50 % der Fälle nicht nur Kollegen des Betroffenen Mobbing-Handlungen vornehmen, sondern auch der Vorgesetzte selbst. In diesem Zusammenhang wird auch von „Bossing" gesprochen. Bossing – also Mobbing durch Vorgesetzte – ist für den Arbeitnehmer eine besonders problematische Form des Mobbings, da dem Vorgesetzten bzw. dem Arbeitgeber ein größeres Spektrum an Möglichkeiten zur Verfügung steht.

> ***„Subtiles" Mobbing***
> *Ein Kollege kann mittels Sticheleien, Ausschluss des Betroffenen von Gesprächen und Pöbeleien mobben. Ein Vorgesetzter hat mehr Möglichkeiten: Er kann dem Betroffenen*

Aufgaben zuweisen, die entweder weit unter oder weit über dessen Kompetenz liegen. Er kann ihn in einen völlig abgelegenen Raum umsetzen oder ihn vom Informationsfluss abschneiden.

Bossing ist weit verbreitet. Hierfür gibt es unterschiedliche Gründe:

Im Regelfall kann ein Arbeitgeber einem Arbeitnehmer unter Beachtung des Kündigungsschutzrechts unter Einhaltung einer Kündigungsfrist ordentlich kündigen. Es gibt aber auch Arbeitnehmer, die unkündbar sind. Eine Unkündbarkeit kann sich beispielsweise aus Tarifverträgen ergeben.

Unkündbarer Arbeitnehmer

Ein Arbeitnehmer ist bereits 30 Jahre im öffentlichen Dienst beschäftigt. Der für ihn geltende Tarifvertrag legt seine Unkündbarkeit fest. Auch Beamte können nur unter erschwerten Bedingungen entlassen werden. Vor allem in Arbeitsverträgen, die bereits seit mehr als 20 Jahren bestehen, finden sich Vereinbarungen, wonach der Arbeitnehmer nach einer bestimmten Zeit ordentlich unkündbar sein soll.

Gerade in wirtschaftlich schwierigen Zeiten versuchen Unternehmen, Kosten zu sparen. Da meist die Ausgaben für das Personal der größte Kostenfaktor eines Unternehmens sind, liegt die Reduzierung der Anzahl der Mitarbeiter nahe. Nun ist jedoch kaum ein gesetzlich, tariflich oder vertraglich unkündbarer Mitarbeiter bereit, freiwillig auf die Unkündbarkeit zu verzichten oder einen anderen Arbeitsplatz zu suchen. Oft sind es auch gerade die langjährigen Mitarbeiter, die ein hohes Gehalt haben.

Bossing ist hier eine gar nicht so seltene Strategie, einen Mitarbeiter zur Eigenkündigung zu veranlassen.

Welche Ursachen hat Mobbing?

Über die Ursachen des Mobbings sind Irrtümer weit verbreitet – vor allem solche Irrtümer, die dem vom Mobbing Betroffenen den letzten Rest von Selbstsicherheit und Vertrauen in die eigene Person nehmen.

Allgemein wird angenommen, dass die eher schwache Persönlichkeit, Unterwürfigkeit und Ängstlichkeit des Gemobbten sowie seine Konfliktscheu Ursache des Mobbings ist. Solch ein Mitarbeiter gerate deshalb eher in Mobbing-Situationen als der selbstbewusste und entscheidungsfreudige Kollege. Diese auf die Persönlichkeit der am Mobbing Beteiligten abzielenden Begründungsversuche sind sicherlich in manchen Fällen zutreffend. Es ist aber ein Irrtum zu glauben, dass starke Persönlichkeiten seltener zu Mobbing-Opfern werden.

Eine weitere Ursache des Mobbings ist zwar in wissenschaftlichen Kreisen bekannt, den von Mobbing betroffenen Personen jedoch weitgehend nicht bewusst: Mobbing ist eine Folge der zunehmenden Konkurrenz innerhalb des Wirtschaftslebens. Konkurrenz besteht nämlich nicht nur auf Unternehmensebene, sondern auch innerhalb der Unternehmen. Mitarbeiter konkurrieren um Aufstiegschancen oder bei geplantem oder auch nur befürchtetem Arbeitsplatzabbau um die Arbeitsplätze selbst. In dieser Konkurrenzsituation kommt es eher zu Mobbing als in Zeiten einer entspannten Wirtschaftslage. Mitunter ist Mobbing ein Druckmittel des Arbeitgebers, um Arbeitnehmer zu einer Kündigung des Arbeitsverhältnisses zu bewegen.

Mobbing-Situationen beginnen deshalb in vielen Fällen zeitgleich mit einer Veränderung des Machtgefüges innerhalb eines Unternehmens.

> ***Profilieren auf Kosten anderer***
> *Ein inhabergeführtes Unternehmen wird an einen großen Konzern verkauft. Die Mitarbeiter befürchten, dass es zu Entlassungen kommt, und bemühen sich, möglichst gut zu arbeiten. Manche jedoch sind versucht, sich auf Kosten anderer zu profilieren. Dabei können Grenzen überschritten werden, indem die Leistung von Kollegen schlechtgemacht oder manipuliert wird.*

Eine weitere Ursache von Mobbing kann Neid sein. Wird ein Arbeitnehmer von einer Hierarchiestufe auf die nächste befördert, so wird dies nicht immer die uneingeschränkte Anerkennung im Kollegenkreis finden. Manche sind auf den Beförderten schlicht neidisch. Dies allein wäre noch kein Problem. Jedoch kann der Neid in einer solchen Situation manchmal in Mobbing umschlagen.

> ***„Aushungern" des neuen Teamleiters***
> *Ein Sachbearbeiter wird zum Teamleiter befördert. Seit der Beförderung halten Kollegen immer wieder systematisch Informationen von ihm fern und er wird nicht mehr in Gespräche einbezogen.*

Eine Ursache von Mobbing kann auch in der Überforderung oder Unsicherheit eines Vorgesetzten liegen. Manche überforderte Vorgesetzte neigen dazu, von der eigenen

Unfähigkeit abzulenken, indem andere zu „Sündenböcken" gemacht werden.

> *Untergebener als Sündenbock*
> *Ein Vorgesetzter soll neue Methoden der Personalführung in seiner Abteilung umsetzen. Da ihm dies nicht gelingt, macht er einen nachgeordneten Mitarbeiter für das eigene Scheitern verantwortlich.*

Jeder gemobbte Arbeitnehmer ist versucht, die Ursache des Mobbings bei sich selbst zu suchen. Zwar ist eine selbstkritische Betrachtung des eigenen Verhaltens grundsätzlich richtig, sie darf jedoch nicht dazu führen, dass der Gemobbte die „Schuld" an der Mobbing-Situation sich allein gibt. Dies ist eine typische Mobbing-Falle. Manchmal allerdings ist sich ein Arbeitnehmer gar nicht bewusst, dass er seinen Kollegen oder Vorgesetzten eine potenzielle Angriffsfläche bietet:

> *Konfliktpotenzial*
> *Herr Schmidt ist seit 20 Jahren Schreiner in einem Unternehmen mit 15 Mitarbeitern. Er hat jahrelang gute Arbeit geleistet. Nun möchte sich seine Ehefrau von ihm scheiden lassen. Diese Situation belastet ihn sehr. Obwohl er bisher sehr routiniert gearbeitet hat, unterlaufen ihm immer wieder Fehler aus Nachlässigkeit. Diese Fehler kosten dem Unternehmen Geld. Der Arbeitgeber befürchtet zudem, dass der Ruf seines Unternehmens leiden könnte, wenn Herr Schmidt weiterhin Kundenaufträge fehlerhaft bearbeitet.*
>
> *Der Arbeitgeber spricht Herrn Schmidt auf seine Fehler und seine private Situation an. Er vermutet, dass die psychische Belastung durch die Scheidung Ursache für die häufigen Fehler ist. Herr Schmidt weist dies weit von sich. Er ist der*

Auffassung, Privates und Berufliches durchaus trennen zu können. Zudem meint er, die Fehler seien nicht durch ihn, sondern wahlweise durch Kollegen oder durch unklare Anweisungen entstanden.

Hier ist eine künftige Konfliktsituation vorprogrammiert. Diese kann unter Umständen in Mobbing umschlagen, wenn Herr Schmidt nicht rechtzeitig die besondere Problematik seiner Situation erkennt. Das Mobbing könnte sowohl von den Kollegen ausgehen, die die durch seine Fehler entstandene Mehrarbeit nicht mehr akzeptieren, als auch vom Arbeitgeber. Dieser könnte versucht sein, Herrn Schmidt zur Eigenkündigung zu bewegen.

Analysieren Sie Ihre Situation

Wenn Sie nun etwas gegen eine unerträgliche Situation an Ihrem Arbeitsplatz unternehmen wollen, so gehen Sie am besten schrittweise vor:

Schritt 1:

Werden Sie sich zunächst darüber klar, ob die Anfeindungen am Arbeitsplatz wirklich Mobbing sind. Die Grenzen zwischen erlaubtem und verbotenem Verhalten sind fließend. Die Arbeitswelt hält für den Arbeitnehmer nicht nur Angenehmes bereit. Auch ausgesprochen unangenehme Situationen muss er meistern können, ohne dass einem Kollegen oder dem Chef der Vorwurf des Mobbings gemacht werden kann. Streit und Missverständnisse gibt es immer wieder und müssen gelöst werden. Manchmal nehmen solche Situationen jedoch überhand und der Arbeitnehmer gerät in eine Mobbing-Situation. Dann ist ein Gegensteuern erforderlich – je früher, desto besser. Wann aber ist der Zeitpunkt erreicht, zu dem der Arbeitnehmer nicht mehr tatenlos zusehen kann, wie mit ihm umgesprungen wird? Wann wird aus erlaubten, aber ärgerlichen Verhaltensweisen Mobbing?

Ansichtssache

Eine Sekretärin ist seit drei Jahrzehnten für die Geschäftsführung eines mittelständischen Unternehmens tätig. Ihre Aufgaben sind im Laufe der Zeit immer umfangreicher geworden. Nun erhält sie nach Einführung einer neuen IT zur Unterstützung eine junge Kollegin als „Assistentin".

Die Sekretärin könnte diese neue Situation positiv auffassen und von einer gesteigerten Bedeutung ihres Arbeitsbereichs ausgehen. Dann wird sie die neue Kollegin sofort in ihre Arbeit einbinden und sie gern einlernen. Sie könnte diese personelle Unterstützung aber auch als ersten Schritt einer Abschiebung auffassen und glauben, die Assistentin solle sie auf lange Sicht ersetzen. In diesem Fall wird sie möglicherweise versuchen, die Notwendigkeit einer personellen Unterstützung infrage zu stellen. Die Assistentin wird vielleicht nicht ausreichend eingelernt. Es besteht die Gefahr, dass sich aus anfänglichen Animositäten Mobbing entwickelt.

Schritt 2:

Wenn Sie festgestellt haben, dass Sie sich in einer Mobbing-Situation befinden, sollten Sie sich einen Überblick über Ihre Handlungsmöglichkeiten verschaffen (s. S. 51 ff.). Überlegen Sie, welche am besten zu Ihnen passt.

> ***Rat suchen***
> *Ein zurückhaltender oder schüchterner Arbeitnehmer wird wohl zunächst eine Mobbing-Beratungsstelle aufsuchen. Er wird sich kaum dazu durchringen können, den Arbeitgeber zur Beendigung der Mobbing-Situation aufzufordern.*

Schritt 3:

Sie müssen nun handeln. Es reicht nicht aus, nur zu wissen, was Sie tun sollten – ergreifen Sie aktiv die Initiative! Falls Ihnen jedoch genau das schwerfällt, versuchen Sie, Ihre Passivität möglichst schnell zu überwinden. Sie haben sonst umso länger unter dem Mobbing zu leiden. Am besten wählen Sie unter den in diesem Ratgeber aufgeführten Handlungsmöglichkeiten zunächst diejenige aus, die keinen unmittelbaren Kontakt mit dem Mobber erfordert. Sie können z. B. eine Beschwerde beim Betriebsrat einlegen.

Auf den Punkt gebracht

Bevor Sie sich gegen Mobbing im Job wehren, müssen Sie sich zunächst darüber klar werden, wie Sie die unangenehmen und belastenden Ereignisse einzuordnen haben. Liegt bereits Mobbing vor oder leiden Sie beispielsweise „nur" darunter, dass Ihr neuer Vorgesetzter einen etwas weniger freundlichen Umgangston pflegt als sein Vorgänger? Jedenfalls sollten Sie jede einzelne Mobbing-Handlung daraufhin prüfen, ob ein „Angriff" vorliegt oder nur schlechte Laune oder Gedankenlosigkeit des Mobbers die Ursache ist.

Welche Folgen kann Mobbing für den Betroffenen haben?

Oft geht ein von Mobbing betroffener Arbeitnehmer erst dann gegen die Anfeindungen am Arbeitsplatz vor, wenn er die gesundheitlichen Folgen zu spüren bekommt. Dann kann es jedoch schon zu spät sein, da sich die Situation festgefahren hat.

Mobbing-Handlungen wirken sich schon in einem sehr frühen Stadium aus. Die Psyche des Opfers wird geschwächt. Untersuchungen haben gezeigt, dass dieser Effekt von den Mobbing betreibenden Kollegen und Vorgesetzten oft Ziel des Handelns ist. Deshalb können sich auch starke Persönlichkeiten nicht davor schützen, Opfer von Mobbing zu werden. Je länger das Mobbing dauert, desto schwieriger wird die Situation des Opfers. Das ist auch ein Grund dafür, dass sich bereits verfestigte Mobbing-Situationen nur schwer lösen lassen.

Gesundheitliche Folgen

Mobbing hat früher oder später immer die Erkrankung des Betroffenen zur Folge. Bevor sich jedoch eine Krankheit entwickelt, ist der Gemobbte über längere Zeit hinweg besonderen psychischen Belastungen ausgesetzt. Er kann der Situation der systematischen Ausgrenzung nicht aus dem Weg gehen: Als Arbeitnehmer ist er verpflichtet, sich an seinem Arbeitsplatz aufzuhalten. Es entwickelt sich ein Gefühl der Hilflosigkeit. Zudem stellt sich eine dauerhafte Anspannung ein, da die Mobbing-Handlungen unangekündigt erfolgen. Dadurch wird der Betroffene unkonzentriert und verliert seine Routine. Durch diese Unsicherheit entstehen Fehler, die dem Gemobbten sodann vorgeworfen werden. Der Arbeitnehmer gerät also in einen Teufelskreis: Durch die Anspannung wird er unsicher und Fehler häufen sich. Dadurch beginnt er, an seinen Fähigkeiten zu zweifeln. Diese Zweifel bleiben dem oder den Mobbenden nicht verborgen, sodass sich nun die Angriffsfläche vergrößert.

Spätestens in dieser Phase beginnt sich auch das Privatleben des Gemobbten zu verändern. Der Kontakt zur Familie und zu Freunden und Bekannten wird von den Problemen am Arbeitsplatz überschattet. Nicht selten verliert der von Mobbing Betroffene Freunde und Paarbeziehungen zerbrechen. Bevor dies geschieht, muss etwas gegen das Mobbing unternommen werden.

Mobbing wird vom Betroffenen als eine abwärts führende Spirale empfunden. Je länger Gegenmaßnahmen hinausgeschoben werden, desto schwerer fällt es, diese Maßnahmen zu ergreifen.

Nach einiger Zeit erkrankt das Opfer: Die durch Mobbing hervorgerufenen unangenehmen Emotionen haben seelische Spannungen zur Folge, die zu Stressreaktionen führen. Die folgende Checkliste zeigt typische gesundheitliche Auswirkungen von Mobbing. Je mehr dieser Krankheitsbilder Sie an sich selbst feststellen, desto wahrscheinlicher ist ein Zusammenhang mit Mobbing:

Checkliste: Gesundheitliche Auswirkungen von Mobbing	
Kopfschmerzen	✓
Bluthochdruck	
Magenbeschwerden/-geschwüre	
Herzrasen/-schmerzen	
Schlafstörungen	
Schwindel	
Magen-/Darmentzündung	
Muskelverspannung	
Geschwüre	
Zusammenbrüche	
Herzinfarkt	
Rückenschmerzen	
Suizidversuche	

Oft bessern sich die in der Checkliste beschriebenen Symptome am Wochenende oder während des Urlaubs. Diese Schwankungen deuten darauf hin, dass die gesundheitlichen Beeinträchtigungen tatsächlich mit der Situation am Arbeitsplatz zusammenhängen.

> ***Bluthochdruck durch Mobbing***
> *Ein von Mobbing betroffener Arbeitnehmer leidet unter hohem Blutdruck. Die erhöhten Werte sind jedoch nur dann feststellbar, wenn er direkt nach der Arbeit zum Arzt geht. Messungen des Blutdrucks während seines Urlaubs hingegen ergeben fast normale Werte.*

Es ist sehr wichtig, dass Sie diese gesundheitlichen Beeinträchtigungen schriftlich festhalten. Lesen Sie hierzu das

Kapitel zum Mobbing-Tagebuch ab Seite 51. Sie sollten unbedingt auch Ihren Arzt darüber informieren, dass Sie am Arbeitsplatz schikaniert werden.

Folgen im Privatleben

Mobbing hat nicht nur gesundheitliche Folgen. Auch das Privatleben des Opfers bleibt nicht verschont. Das Mobbing nimmt in den Gedanken des Betroffenen einen großen Platz ein. Dadurch wird das eigentlich auf den Arbeitsplatz beschränkte Thema auch ein dominierendes Thema in Gesprächen mit dem Partner oder mit Freunden. Da es sich bei Mobbing um ein unangenehmes und belastendes Thema handelt, kann die Beziehung zum Partner bzw. zu den Freunden über das erträgliche Maß hinaus belastet werden. Diese Belastung mag zunächst für den Betroffenen nicht sichtbar sein, da er die Aussprache braucht. Dennoch wird die Freundschaft strapaziert, wenn die Berichte über Mobbing-Attacken zu viel Raum einnehmen.

Versuchen Sie, frühzeitig zu erkennen, ob die Freundschaft oder die Beziehung diese Belastungen tragen kann. Tun Sie dem Mobber nicht den Gefallen, dass Ihr Privatleben aus den Fugen gerät! Sie können selbst etwas dafür tun, damit Ihre privaten Beziehungen nicht unter dem Mobbing am Arbeitsplatz leiden:

Sorgen Sie dafür, dass Sie sich gezielt entspannen können. Hierzu gehört es auch, nach Feierabend nicht passiv zu werden. Intensivieren Sie ein Hobby, dem Sie ohnehin bereits nachgehen. Falls Sie Ihr

Hobby bisher allein ausgeübt haben, können Sie nun einem entsprechenden Verein beitreten. Halten Sie sich bei schönem Wetter so viel wie möglich draußen auf. Selbst Spaziergänge bei schlechtem Wetter hellen nachgewiesenermaßen die Stimmung auf.

Falls Sie sich auch in Ihrer Freizeit mit dem Mobbing beschäftigen wollen, sollten Sie dies nicht im Rahmen Ihres Bekannten- und Freundeskreises tun. Am besten suchen Sie sich eine Mobbing-Selbsthilfegruppe. In größeren Städten werden Sie sicherlich einen organisierten Zusammenschluss von Betroffenen finden. Ein Anruf bei einer Gewerkschaft kann Ihnen hier weiterhelfen.

Kündigung des Gemobbten

Gemobbte Arbeitnehmer erhalten weit häufiger eine Kündigung vom Arbeitgeber als ihre Kollegen. Wie Sie wissen, ist die beabsichtigte Trennung von Mitarbeitern oft eine Ursache von Mobbing. Manchmal ist Mobbing aber auch ein Versuch des Arbeitgebers, einen Arbeitnehmer zur Eigenkündigung zu bewegen. Gelingt dieser Versuch nicht und kündigt der Arbeitnehmer nicht selbst, muss der Arbeitgeber zwangsläufig das Arbeitsverhältnis kündigen.

Deshalb muss sich ein von Mobbing betroffener Arbeitnehmer unbedingt mit dem Thema „Kündigung" auseinandersetzen. Bitte schieben Sie das nicht hinaus. Wenn Sie erst eine Kündigung erhalten haben, sind Sie emotional zu aufgewühlt, um noch wohlüberlegte Entscheidungen treffen zu können. Zudem müssen Sie sich vor der Entscheidung, wie Sie auf die Kündigung reagieren wollen, über Ihre Rechte informieren. Dies dauert einige Zeit und sollte nicht in der unruhigen Phase nach Erhalt einer Kündigung getan werden müssen.

Verdachtskündigung

Gemobbten Arbeitnehmern wird immer wieder mit der Begründung gekündigt, es bestehe der Verdacht, er habe eine strafbare Handlung begangen. Eine Verdachtskündigung kommt auch dann infrage, wenn der Verdacht besteht, der Arbeitnehmer habe gegen seine Pflichten aus dem Arbeitsvertrag verstoßen.

> *Erschüttertes Vertrauen*
> *Ein Arbeitgeber kündigt einem Arbeitnehmer mit der Begründung, dieser werde verdächtigt, einen Diebstahl begangen zu haben. Dadurch sei das Vertrauen des Arbeitgebers in diesen Arbeitnehmer erschüttert.*

Eine Verdachtskündigung kann nicht ohne Weiteres ausgesprochen werden. Es müssen objektive Tatsachen vorliegen, die den Verdacht einer Straftat oder einer schweren Verletzung des Arbeitsvertrags begründen. Der Arbeitgeber hat selbstverständlich alle Anstrengungen zur Aufklärung des Sachverhalts zu unternehmen. Hierzu gehört unbedingt auch die Anhörung des verdächtigten Arbeitnehmers.

Ohne Anhörung des Arbeitnehmers ist eine Verdachtskündigung immer unwirksam. Dem Arbeitnehmer steht auf sein Verlangen das Recht zu, bei seiner Anhörung einen Rechtsanwalt seiner Wahl beizuziehen, wenn der Arbeitgeber ebenfalls einen Zeugen zum Gespräch hinzuzieht. Teilen Sie deshalb dem Arbeitgeber entweder schriftlich oder im Beisein von Zeugen mit, dass Sie einen Rechtsanwalt hinzuziehen möchten.

Kündigung wegen Minderleistung

Die Kündigung wegen Minderleistung ist ein recht häufiger Kündigungsgrund. Und gemobbte Arbeitnehmer sind sogar noch stärker von einer Kündigung wegen Minderleistung bedroht als Arbeitnehmer, die keinen Schikanen und Anfeindungen ausgesetzt sind.

Eine Kündigung wegen Minderleistung kann ausgesprochen werden, wenn der Arbeitgeber der Auffassung ist, dass der Arbeitnehmer nicht so gut arbeitet, wie er eigentlich könnte: Dies kann die Geschwindigkeit der Arbeit, die Fehlerfreiheit oder einen sonstigen Aspekt der Leistungspflicht betreffen. Eine Kündigung wegen Minderleistung darf aber nur dann ausgesprochen werden, wenn die Leistung weit hinter der vergleichbarer Arbeitnehmer liegt. Es ist also nicht zulässig, denjenigen Arbeitnehmer wegen Minderleistung zu kündigen, dessen Arbeitsergebnisse die schlechtesten aller vergleichbaren Mitarbeiter sind, da auch die „schlechtesten"

Arbeitsergebnisse immer noch objektiv ausreichend sein können.

Mobbing hat immer zur Folge, dass der Betroffene unsicher wird. Selbst psychisch sehr stabile Arbeitnehmer können auf Dauer einer Mobbing-Situation nicht standhalten. Der Gemobbte muss jederzeit mit einer spöttischen Bemerkung oder einer überzogenen Kritik an seiner Arbeit rechnen. Ein Kennzeichen von Mobbing ist ja gerade die Schaffung einer Situation, in der der Betroffene permanent angespannt ist, weil jederzeit und ohne Anlass ein Angriff erfolgen und er sich nicht mehr vollständig auf seine Arbeit konzentrieren kann. Durch die mangelnde Konzentration kann die Arbeit nicht mehr zügig und verlässlich erledigt werden. Es schleichen sich Fehler ein, die dem Betroffenen vor Beginn des Mobbings nicht unterlaufen wären. Da es ihm natürlich nicht verborgen bleibt, dass er nun mehr Fehler im Vergleich zu früher macht, verstärkt sich seine Unsicherheit. Dadurch passieren noch mehr Fehler und der Arbeitnehmer gerät in einen Teufelskreis.

Wie Sie wissen, haben Fehler im Arbeitsverhältnis Konsequenzen. Der Arbeitgeber kann das Arbeitsverhältnis letztlich kündigen. Vor dem Ausspruch einer Kündigung hat er jedoch einiges zu beachten:

Abmahnung

Selbstverständlich kann ein Arbeitsverhältnis nicht bereits dann gekündigt werden, wenn einem Arbeitnehmer ein kleiner Fehler unterläuft. Kein Mensch kann ständig völlig fehlerfrei arbeiten. Allerdings hat der Arbeitgeber das Recht, den Arbeitnehmer aufzufordern, künftig keine Fehler mehr zu machen. Diese Aufforderung zu fehlerfreier Arbeit nennt man Abmahnung. Vor Ausspruch einer Kündigung hat der Arbeitgeber eine Abmahnung zu erteilen, in der genau festgestellt wird, welches Fehlverhalten dem Arbeitnehmer vorgeworfen wird und wie sich der Arbeitgeber korrektes Verhalten vorstellt.

Fehlervermeidung

Ein im Vertrieb tätiger Arbeitnehmer macht bei der Bearbeitung von Kundenbestellungen einen Fehler, indem er einen Artikel doppelt bestellt. Der Arbeitgeber darf den Arbeitnehmer abmahnen und ihn auffordern, künftig bei der Übertragung von Bestellungen die komplette Bestellung nochmals zu kontrollieren, um Fehler zu vermeiden.

Die Abmahnung muss zudem deutlich machen, dass bei weiteren Fehlern mit arbeitsrechtlichen Konsequenzen zu rechnen ist. Diese arbeitsrechtliche Konsequenz wird regelmäßig die Kündigung des Arbeitsverhältnisses sein.

Wird ein Arbeitnehmer wegen eines Fehlers wirksam abgemahnt, so kann ihm bereits beim nächsten Fehler gekündigt werden. Es ist nicht so, dass eine Kündigung erst nach drei Abmahnungen ausgesprochen werden kann.

Wird einem Arbeitnehmer eine Abmahnung erteilt, so kann ihm auch dann gekündigt werden, wenn er einen „gleichartigen" Verstoß begeht:

Gleichartiger Verstoß

Wurde ein Arbeitnehmer wegen unpünktlichen Erscheinens am Arbeitsplatz abgemahnt, so kann ihm gekündigt werden, wenn er den Arbeitsplatz am Abend vor Ende der Arbeitszeit verlässt. Ihm kann jedoch nicht gekündigt werden, wenn er einen Fehler bei der Ausführung seiner Tätigkeit macht, also beispielsweise Briefe nicht korrekt adressiert.

Bitte beachten Sie, dass eine Abmahnung nicht schriftlich erfolgen muss. Auch eine mündliche Abmahnung ist wirksam. Nur hat in diesem Fall der Arbeitgeber Beweisschwierigkeiten, wenn es in einem späteren Kündigungsschutzprozess auf die Rechtmäßigkeit der Abmahnung ankommt. Deshalb ist in den Gesprächen, in denen eine Abmahnung erteilt wird, meist nicht nur der Arbeitgeber bzw. der Vorgesetzte, sondern auch eine weitere Person anwesend. Diese kann nämlich in einem Gerichtsprozess als Zeuge aussagen und die Abmahnung bestätigen.

Wenn Sie von Ihrem Vorgesetzten zu einem Gespräch über einen Fehler oder einen sonstigen Verstoß gegen Ihre arbeitsvertraglichen Pflichten aufgefordert werden, sollten Sie sich ein Gedächtnisprotokoll über den Inhalt des Gesprächs anfertigen. Am besten erstellen Sie das Protokoll unmittelbar nach dem Gespräch, wenn die Erinnerung an das Gesagte noch frisch ist. Noch besser ist es, wenn Ihr Vorgesetzter selbst das Gespräch zusammenfasst und Ihnen in schriftlicher Form zur Verfügung stellt.

Falls Sie eine oder mehrere Abmahnungen erhalten, sollten Sie sich überlegen, wie Sie darauf reagieren. Ist die Abmahnung offensichtlich nicht rechtmäßig, so ist es in den meisten Fällen nicht nötig zu reagieren.

> *Unwirksamkeit wegen ungenauer Angaben*
> *Ein Arbeitgeber erteilt dem Arbeitnehmer eine Abmahnung, in der diesem vorgeworfen wird, er arbeite zu langsam. Diese Abmahnung ist unwirksam, weil sie das angeblich vertragswidrige Verhalten des Arbeitnehmers nicht konkret bezeichnet. Es hätte in der Abmahnung ein konkreter Vorfall beschrieben werden müssen, und zwar mit Zeitangabe, wie lange der Arbeitnehmer zur Erledigung der Aufgabe gebraucht hat und wie lange er hätte maximal brauchen dürfen.*

Ist jedoch nicht offensichtlich, ob die Abmahnung rechtmäßig ist oder nicht, sollte der Arbeitnehmer reagieren. Es ist nicht ratsam, den Zustand der Unsicherheit über längere Zeit aufrechtzuerhalten. Diese Verunsicherung trägt nur zu weiteren Fehlern bei. Der Arbeitnehmer kann beispielsweise eine Gegendarstellung zu den Personalakten geben. Er kann aber auch die Entfernung der Abmahnung aus der Personalakte fordern und dies notfalls gerichtlich durchsetzen.

Kündigung wegen Krankheit

Mobbing belastet die Psyche des Gemobbten. Wer an seinem Arbeitsplatz ständig mit Mobbing-Attacken zu rechnen hat, verliert schnell seine psychische Stabilität. Dies betrifft nicht nur Arbeitnehmer mit einer ohnehin nicht sehr starken psychischen Konstitution. Auch psychisch gefestigte Persönlichkeiten können Mobbing nicht auf Dauer ignorieren. Die gesundheitlichen Folgen reichen von Kopfschmerzen und Schlaflosigkeit bis zu Herzinfarkten. Mobbing hat deshalb fast immer früher oder später die Erkrankung des Gemobbten zur Folge. Zwar versuchen viele Opfer, ihre gesundheitlichen Beeinträchtigungen zu ignorieren und zu verheimlichen, und gehen trotz ihrer Erkrankung zur Arbeit. Dies verschlimmert den gesundheitlichen Zustand des Betroffenen jedoch noch weiter. Irgendwann kommt der Zeitpunkt, an dem sich die gesundheitlichen Folgen des Mobbings nicht mehr verstecken lassen – der Betroffene wird arbeitsunfähig. Und sobald der Betroffene wieder zur Arbeit erscheint, geht das Mobbing in den meisten Fällen weiter. Die nächste Erkrankung lässt dann nicht lange auf sich warten. Es beginnt ein Kreislauf aus Arbeitsunfähigkeit und Arbeitsfähigkeit. Da Arbeitsunfähigkeit ein personenbedingter Kündigungsgrund sein kann, sollten Sie wissen, welche Rechte Sie im Zusammenhang mit Arbeitsunfähigkeit und Krankheit haben.

Eine krankheitsbedingte Kündigung kann der Arbeitgeber nicht ohne Weiteres aussprechen. Er muss viele formelle und inhaltliche Voraussetzungen beachten.

Vermeidung von Mobbing-Situationen

Ein Arbeitnehmer wird von seinem im selben Arbeitszimmer tätigen Kollegen gemobbt. Wegen des Mobbings erkrankt er immer häufiger und für längere Zeit. Obwohl der Betroffene vorschlägt, sich zur Vermeidung von Mobbing-Situationen in einen anderen Raum versetzen zu lassen, kündigt sein Arbeitgeber das Arbeitsverhältnis wegen der häufigen Erkrankungen. Diese Kündigung könnte unwirksam sein. Der Arbeitgeber hätte zuerst versuchen müssen, die beiden Kollegen räumlich zu trennen. Wäre eine räumliche Trennung möglich gewesen, so ist die Kündigung unwirksam.

Was der Arbeitgeber im Vorfeld einer krankheitsbedingten Kündigung veranlassen muss

Jede krankheitsbedingte Kündigung kann nur dann rechtmäßig sein, wenn sich der Arbeitgeber vor deren Ausspruch darum bemüht hat, eine Kündigung zu vermeiden. Dazu gehört, dass er versucht, den Arbeitnehmer an einen anderen Arbeitsplatz zu versetzen. Diese Versetzung muss er allerdings nur dann veranlassen, wenn damit die Erwartung verbunden werden kann, dass der Arbeitnehmer wieder arbeitsfähig wird. Da in Mobbing-Fällen die Krankheit des Arbeitnehmers aus den durch das Mobbing verursachten Belastungen resultiert, ist eine räumliche Trennung der am Mobbing Beteiligten sinnvoll und kann dazu beitragen, dass der Gemobbte wieder gesund wird.

Wenn Sie wegen Ihrer Erkrankungen zum Arzt gehen, informieren Sie ihn möglichst genau. Versuchen Sie, die Symptome Ihrer Erkrankung so exakt wie möglich zu beschreiben, und machen Sie sich hierzu schon vor dem Arztbesuch Gedanken. Sie sollten auch schildern können, wie oft und wann die Krankheitssymptome auftreten. Das ist Ihnen nur dann möglich, wenn Sie sich jeden Tag Notizen zu Ihren gesundheitlichen Beeinträchtigungen machen. Bitte glauben Sie nicht, dass Sie sich dies alles merken können. Kurz vor einem Arztbesuch werden Sie ohne schriftliche Notizen kaum ermitteln können, wann Ihre Beschwerden begonnen haben und wie häufig sie auftreten.

Eine krankheitsbedingte Kündigung darf der Arbeitgeber nur dann aussprechen, wenn er zu Recht vermuten kann, dass der Arbeitnehmer auch in Zukunft arbeitsunfähig sein wird. Die Erstellung dieser Prognose muss bestimmten Regeln folgen. Hierzu gehört, dass sich der Arbeitgeber zunächst Klarheit darüber verschaffen muss, um welche Erkrankung es sich handelt. Ist eine Erkrankung ausgeheilt, kann deswegen nicht mehr gekündigt werden.

Unwirksame Kündigung

Ein Arbeitnehmer ist wegen einer Allergie immer wieder arbeitsunfähig. Der Arbeitgeber kündigt deshalb das Arbeitsverhältnis. Kurz vor Ausspruch der Kündigung hat der Arbeitnehmer jedoch entdeckt, gegen welche Lebensmittel er eine Allergie entwickelt hat, und kann deshalb durch Weglassen dieser Nahrungsmittel einen erneuten Ausbruch der Erkrankung vermeiden. Die Kündigung ist nicht rechtmäßig. Der Arbeitnehmer kann mit Erfolg vor dem Arbeitsgericht gegen diese Kündigung vorgehen.

Für den Arbeitgeber ist es oft nicht einfach, sich Klarheit über die Erkrankung des Arbeitnehmers zu verschaffen. In Mobbing-Fällen ist er allerdings meist gut über die Situation informiert. Ihm dürfte bekannt sein, dass die Erkrankung des Arbeitnehmers eine Folge des Mobbings am Arbeitsplatz ist. Im Idealfall hat dies auch schon ein Arzt bestätigt. Grundsätzlich muss ein Arbeitnehmer seinen Arbeitgeber nicht über die Art seiner Erkrankung informieren. In Mobbing-Fällen ist es jedoch ratsam, dem Arbeitgeber die Ursache der Erkrankung mitzuteilen. Nur wenn der Arbeitgeber weiß, dass die Ursache der Erkrankung am Arbeitsplatz zu finden ist, kann er Gegenmaßnahmen ergreifen. Wird nun dem Mobbing ein Ende gesetzt, ist damit zu rechnen, dass sich auch die Erkrankung des Arbeitnehmers bessert. Teilt der Arbeitnehmer dem Arbeitgeber mit, dass seine Erkrankung ihre Ursache in der Mobbing-Situation hat, so darf der Arbeitgeber nicht kündigen, sondern muss erst versuchen, das Mobbing zu beenden.

Kündigung wegen häufiger Kurzerkrankungen

Gemobbte Arbeitnehmer erkranken zunächst nicht auf lange Zeit, sondern sind wenige Tage arbeitsunfähig und arbeiten dann wieder. Wenn das Mobbing nach Rückkehr an den Arbeitsplatz fortgesetzt wird, erkranken die Betroffenen erneut. Es entsteht eine Kette von Kurzerkrankungen, die sich mit mehr oder weniger langen Phasen von Arbeitsfähigkeit abwechseln. Lang anhaltende Arbeitsunfähigkeit entsteht in den meisten Fällen erst dann, wenn sich die durch das Mobbing verursachte Erkrankung verstärkt oder weitere gesundheitliche Beeinträchtigungen hinzukommen.

> ***Erkrankung durch Mobbing***
> *Ein gemobbter Arbeitnehmer erkrankt immer wieder für wenige Tage. Er leidet unter Kopfschmerzen und hohem Blutdruck. Nach einigen Jahren hat er einen Herzinfarkt, der zu einer längeren Arbeitsunfähigkeit führt.*

Kündigt der Arbeitgeber dem Gemobbten in der Phase der häufigen Kurzerkrankungen, muss er die von der arbeitsgerichtlichen Rechtsprechung aufgestellten Regeln einhalten. Hierzu gehört, dass die Kündigung nur dann rechtmäßig ist, wenn vermutet werden kann, dass der Arbeitnehmer auch künftig immer wieder unter Kurzerkrankungen leiden wird.

Leidet der Arbeitnehmer wegen des Mobbings unter immer wiederkehrenden Erkrankungen, so darf der Arbeitgeber nicht wegen häufiger Kurzerkrankungen kündigen. Er muss zunächst seiner arbeitsrechtlichen Fürsorgepflicht nachkommen und versuchen, das Mobbing zu beenden.

Längere Arbeitsunfähigkeit

Wenn ein Arbeitnehmer längere Zeit arbeitsunfähig ist, darf der Arbeitgeber das Arbeitsverhältnis kündigen. Allerdings muss er sich zuvor beim Arbeitnehmer erkundigen, ob mit der Wiederherstellung der Arbeitsfähigkeit gerechnet werden kann. Selbstverständlich hat der Arbeitgeber auch hier die Pflicht, zunächst die Mobbing-Situation zu beenden. Bei Mobbing ist meist damit zu rechnen, dass sich nach dessen Beendigung auch der Gesundheitszustand des Arbeitnehmers bessert.

Auf den Punkt gebracht

Die schlimmsten Folgen des Mobbing sind die gesundheitlichen, die manchmal zu chronischen Krankheiten führen, die der Betroffene sein Leben lang nicht mehr loswird. Darüber vergessen Gemobbte oft, dass Mobbing auch im Privatleben Auswirkungen hat oder auch zur Beendigung des Arbeitsverhältnisses und zu Arbeitslosigkeit führen kann.

Was kann das Mobbing-Opfer tun?

Keine Mobbing-Situation gleicht genau einer anderen. Jedes Mobbing-Opfer ist ein Individuum. Deshalb gibt es kein Patentrezept, um eine Konfliktsituation zu lösen. Es ist nicht einfach, Mobbing zu beenden. Der informierte Arbeitnehmer wird jedoch schneller und einfacher sein Ziel erreichen als ein Mobbing-Opfer, das nichts über seine Rechte weiß.

Führen Sie ein Mobbing-Tagebuch

Die erste Reaktion auf Mobbing muss immer die Erstellung eines Mobbing-Tagebuchs sein. Das Mobbing-Tagebuch ist extrem wichtig. Ohne eine solche geordnete Zusammenstellung der Mobbing-Attacken können Sie rechtlich kaum etwas gegen das Mobbing unternehmen. Seien Sie bitte sehr sorgfältig bei der Erstellung Ihres Mobbing-Tagebuchs.

Ihre Aufzeichnungen dienen dazu, Beweise zu sichern und einen eventuellen Gerichtsprozess vorzubereiten. Aber nicht nur in rechtlicher Hinsicht ist das Führen eines Mobbing-Tagebuchs unabdingbar. Es hilft Ihnen, die Mobbing-Situation zu analysieren. Es leistet bei Gesprächen, in denen es um die Lösung Ihres Problems geht, wertvolle Hilfe. Wenn Sie eine Mobbing-Beratungsstelle aufsuchen möchten, hilft Ihr Tagebuch auch Ihrem Berater, die Situation schnell zu analysieren. Er erhält einen umfassenderen Einblick in den Sachverhalt, wenn Sie ihm nicht nur die Mobbing-Attacken schildern, sondern auch ein Mobbing-Tagebuch vorlegen können.

Am besten legt man sich als Mobbing-Tagebuch einen ausreichend großen Kalender zu, in den die Vorfälle gewissenhaft eingetragen werden. Achten Sie bitte darauf, dass pro Tag ausreichend Platz zur Verfügung steht.

Auch wenn Sie schon seit Längerem unter Mobbing leiden, sollten Sie jetzt mit dem Führen eines Mobbing-Tagebuchs beginnen – besser spät als nie. Halten Sie zu Beginn den bisherigen Geschehensablauf fest. Tragen Sie auch ein, wie Ihre Kollegen und Vorgesetzen heißen und welche Aufgaben sie haben.

Falls Sie diskriminierende oder beleidigende E-Mails erhalten, sollten Sie diese nicht löschen, obwohl dies vielleicht bisher Ihre erste Reaktion war. Am besten speichern Sie diese E-Mails nicht nur ab, sondern drucken sie auch aus. Sie wissen nicht, wie sich die Zukunft entwickelt und ob Sie dann noch zu jeder Zeit Zugriff auf Ihren Computer haben.

Kein Zugriff auf E-Mails wegen Abteilungswechsel

Ein Arbeitnehmer wird gemobbt, indem er regelmäßig beleidigende E-Mails erhält. Er speichert diese E-Mails in einem separaten Ordner ab, damit er im Falle einer gerichtlichen Auseinandersetzung Beweise für das Mobbing hat. Nun wird dieser Arbeitnehmer von seinem Vorgesetzten angewiesen, ab sofort an einem anderen Arbeitsplatz in einer anderen Abteilung zu arbeiten. Damit ist ihm jede Gelegenheit genommen, auf die gespeicherten E-Mails zuzugreifen, wenn er an seinem neuen Arbeitsplatz keinen Zugriff mehr auf seinen ehemaligen PC hat.

Findet im Rahmen des Mobbings Sachbeschädigung statt, sollten Sie auch hier Beweise sichern: Werden Gegenstände beschädigt, werfen Sie diese bitte nicht sofort weg. Bewahren Sie sie auf oder fotografieren Sie sie wenigstens, bevor Sie sie entsorgen. Denken Sie auch daran, sich zu jedem Schadensfall Notizen zu machen. Es muss festgehalten werden, wer von den infrage kommenden Tätern bzw. Schädigern an diesem Tag überhaupt im Betrieb war und wer die Möglichkeit hatte, unbemerkt an diese Gegenstände heranzukommen. Notieren Sie sich Ort, Datum und Uhrzeit, wann Sie den Gegenstand zuletzt unbeschädigt gesehen haben und wann Sie bemerkt haben, dass er beschädigt wurde.

Je exakter das Mobbing-Tagebuch geführt wird, desto hilfreicher ist es. Auf jeden Fall ist ein Mobbing-Vorfall nach Datum, Uhrzeit und Dauer festzuhalten. Auch die Beteiligten sind aufzuführen. Falls es Zeugen gab, sollten auch deren Namen im Tagebuch festgehalten werden. Der Sachverhalt ist so genau wie möglich zu beschreiben. Je genauer der Wortlaut wiedergegeben werden kann, desto besser. Scheuen Sie sich nicht, Schimpfworte und üble Beleidigungen wortwörtlich niederzuschreiben.

Sicherlich fällt es Ihnen zunächst schwer, sich die Beleidigungen und Schmähungen noch einmal ins Gedächtnis zu rufen und auch noch aufzuschreiben. Möglicherweise fühlen Sie sich erneut verletzt. In diesem Fall sollten Sie sich Ihr Mobbing-Protokoll nochmals „mit vertauschten Rollen" durchlesen. Stellen Sie sich vor, Sie seien in der Rolle des Mobbers und ein anderer nimmt Ihre Rolle ein. Wäre es Ihnen nicht peinlich, sich so zu verhalten? Sie werden erkennen, wie unbedacht der Mobber handelt.

Sie sollten mit dem Eintrag nicht allzu lange warten. Am besten notieren Sie sich bereits kurz nach dem Vorfall die oben genannten Daten. Je länger Sie warten, desto weniger können Sie sich an Anwesende oder auch den genauen Wortlaut beispielsweise einer Beleidigung erinnern.

Hatte der Mobbing-Vorfall Folgen, so sind auch diese zu notieren. Damit sind insbesondere gesundheitliche Folgen gemeint. Schreiben Sie auf, wenn Sie hinterher beispielsweise Kopf- oder Magenschmerzen bekommen haben. Auch Arztbesuche wegen dieser gesundheitlichen Folgen sind zu notieren.

Treten durch die Mobbing-Handlungen gesundheitliche Beeinträchtigungen auf, sollten diese von einem Arzt bestätigt werden. Ein ärztliches Attest o. Ä. ist nicht notwendig. Es ist nur wichtig, dass Sie Ihrem Arzt die Situation am Arbeitsplatz schildern, damit dieser einen möglichen Zusammenhang der Gesundheitsbeschwerden mit dem Mobbing prüfen kann.

Anhand des Mobbing-Tagebuchs können Sie versuchen, die Situation zu analysieren und den Grund für das Mobbing-Verhalten zu ermitteln.

Fragen Sie auch Ihre Freunde und Bekannten nach deren Einschätzung der Situation. Oft haben diese den nötigen Abstand zur Sache und können deshalb neue Impulse für Ihre Überlegungen geben.

Informieren Sie Ihren Vorgesetzten bzw. Arbeitgeber

Die Mobbing-Situation löst sich nicht von allein. Sie müssen frühzeitig handeln. Wenn das Mobbing nicht gerade von Ihrem Vorgesetzten selbst ausgeht, sollten Sie ihn so bald wie möglich informieren.

Unterrichten Sie Ihren Chef nicht rechtzeitig, kann sich dieser später darauf berufen, dass er Gegenmaßnahmen hätte ergreifen können, wenn sich der Konflikt noch im Anfangsstadium befunden hätte. Er wird Ihnen vielleicht vorwerfen, dass die Situation bereits derart verfahren ist, dass eine Lösung kaum mehr vorstellbar ist. Vielleicht wird Ihnen in diesem Fall sogar nahegelegt, das Unternehmen zu verlassen. Zudem besteht die Möglichkeit, dass Ihr Vorgesetzter Ihnen zumindest einen Teil der Schuld an der Mobbing-Situation zuschiebt; schließlich hätten Sie sich schon früher an ihn gewandt, wenn Sie am Mobbing völlig unschuldig wären.

Falls das Mobbing von Ihrem Vorgesetzten ausgeht, sollten Sie das Gespräch mit dem Arbeitgeber selbst suchen.

Vorbereitung des Gesprächs

Gespräche mit dem Arbeitgeber bzw. dem Vorgesetzten müssen Sie gut vorbereiten. Wichtig ist Folgendes:

Informieren Sie den Vorgesetzten rechtzeitig darüber, dass Sie ein Gespräch mit ihm wünschen. Auch der Gegenstand des Gesprächs sollte dem Chef mitgeteilt werden.

Der Vorgesetzte bzw. Arbeitgeber sollte nicht unbedingt bereits bei der Vereinbarung eines Gesprächstermins damit konfrontiert werden, dass es um ein Mobbing-Problem geht. Dieser Themenkreis ist für Vorgesetzte meist sehr unangenehm, sodass schon die Verwendung dieses Begriffs für eine Abwehrhaltung sorgen kann. Besser ist es, von „ungelösten Konflikten" oder „konkreten Problemen bei der Ausführung der Arbeit oder mit Kollegen" zu sprechen.

Vor dem Gespräch sollten Sie sich darüber klar werden, welches Ergebnis Sie erreichen wollen. Überlegen Sie sich bereits im Vorfeld konkrete Lösungen, die Sie Ihrem Chef vorschlagen könnten.

Räumliche Trennung
Die am Mobbing Beteiligten werden räumlich getrennt, sodass Begegnungen zwischen Mobbendem und Gemobbtem selten werden.

Fertigen Sie vor dem Gespräch eine Liste an, in der die Mobbing-Handlungen genau beschrieben sind. Diese Liste sollten Sie jedoch keinesfalls in Papierform vor sich liegen haben; dies könnte von Ihrem Gesprächspartner falsch verstanden werden: Er könnte zur Auffassung gelangen, dass Sie nur einige „Ereignisse" abarbeiten möchten. Sie müssen in der Lage sein, die Handlungen frei und „aus einem Guss" zu schildern, sodass klar wird, dass ein innerer Zusammenhang besteht. Seien Sie sich bitte bewusst, dass es keinesfalls ausreicht, wenn Sie nur darauf verweisen, dass „gemobbt" wird. Sie müssen die Mobbing-Handlungen konkret beschreiben.

Anführen konkreter Situationen

Wenn Sie Ihren Vorgesetzten auffordern, das „ständige ungerechtfertigte Kritisieren durch den Kollegen" zu unterbinden, wird dies kaum zum Erfolg führen. Ihr Vorgesetzter wird Ihren Kollegen ganz sicher nicht dazu auffordern, „künftig nicht mehr ständig ungerechtfertigt zu kritisieren". Besser ist es, wenn Sie Ihrem Vorgesetzten konkrete Vorfälle schildern. Also: Welche Kritik wurde geäußert und weshalb war sie ungerechtfertigt? Wie hätte diese konkrete Situation besser gelöst werden können?

Bitte achten Sie darauf, dass Sie sich nicht den Vorstellungen des Chefs verschließen. Schlägt Ihr Chef beispielsweise eine Supervision vor, so sollten Sie zunächst die positiven Seiten dieses Vorschlags sehen und aktiv an der Durchführung mitwirken. Selbst wenn es im Unternehmen bereits in anderen Fällen eine erfolglose Supervision gegeben hat, so sollte dies nicht Anlass dafür sein, diese sofort abzulehnen.

Wenn Sie es wünschen, kann zum Gespräch mit dem Vorgesetzten bzw. Arbeitgeber ein Mitglied des Betriebs- bzw. Personalrats hinzugezogen werden.

Das Personalgespräch

Die Führung des Gesprächs obliegt dem Vorgesetzten bzw. Arbeitgeber. Wichtig ist genaues Zuhören und Ausreden-Lassen. Treten Missverständnisse auf, so sollten diese höflich und möglichst sofort ausgeräumt werden. Wird während des Gesprächs vereinbart, dass eine bestimmte Aktion folgen soll, so sollte dies am Ende noch einmal zusammengefasst werden. Andeutungen und unklare Aussagen sind unbedingt zu vermeiden. Ganz wichtig ist es, dass Verallgemeinerungen unterbleiben und Gerüchte nicht Gegenstand des Gesprächs werden.

Fassen Sie das Gespräch so ausführlich wie möglich zusammen. Vergessen Sie nicht Angaben wie Datum, Ort, Beteiligte und Dauer des Gesprächs. Am besten ist es, wenn der Vorgesetzte selbst das Gespräch zusammenfasst, was jedoch eher selten zu erwarten ist. Sehr empfehlenswert ist es, dem Vorgesetzen eine kurze Zusammenfassung des Gesprächs zukommen zu lassen. Diese sollte auf jeden Fall dessen Ergebnis – also die nächsten Schritte – umfassen. Damit wird verhindert, dass die Angelegenheit im Sande verläuft.

Sie sollten immer in Betracht ziehen, dass der Vorgesetzte ein Gespräch zwischen Ihnen und dem Mobbenden als einen Lösungsweg sieht. Falls Sie bereits im Vorfeld mit dem Mobbenden über die Konfliktsituation gesprochen haben, sollte Ihr Vorgesetzter dies wissen. Auch das Ergebnis dieses Gesprächs müssen Sie ihm mitteilen.

Der Inhalt der Besprechung mit dem Vorgesetzten bzw. Arbeitgeber ist für Sie vertraulich. Besprechen Sie sich nicht mit Kollegen.

Beschweren Sie sich beim Betriebsrat

Existiert in Ihrem Unternehmen ein Betriebsrat, so sind Sie berechtigt, sich gemäß § 84 Betriebsverfassungsgesetz (BetrVG) bei den zuständigen Stellen des Betriebs zu beschweren, wenn Sie sich vom Arbeitgeber oder von einem Kollegen benachteiligt oder in sonstiger Weise beeinträchtigt fühlen. Die Beschwerde ist beim direkten Vorgesetzten vorzubringen. Sie können bei der Einlegung der Beschwerde ein Mitglied des Betriebsrats zur Unterstützung oder Vermittlung hinzuziehen.

Nach § 85 BetrVG können Sie aber auch die Behandlung Ihrer Beschwerde durch den Betriebsrat beantragen. In diesem Fall prüft dieser zunächst, ob ihm die Beschwerde berechtigt erscheint. Ist dies der Fall, so wirkt er beim Arbeitgeber auf eine Lösung hin. Er kann jedoch die Beschwerde auch als unberechtigt zurückweisen. In diesem Fall haben Sie keinerlei Rechte, hiergegen vorzugehen. Die Entscheidung des Betriebsrats ist abschließend.

Suchen Sie eine Beratungsstelle auf

Viele von Mobbing betroffene Arbeitnehmer zögern zunächst, die Lösung des Problems innerhalb des Unternehmens zu suchen. Das Problem ist aber am Arbeitsplatz entstanden und auf den Arbeitsplatz beschränkt, weshalb es auch naheliegt, sich hier nach einer Lösung umzusehen. Manchmal gibt es aber auch gute Gründe, genau dies nicht zu tun – z. B. die Angst, dass jede Aktivität, die das Mobbing verhindern soll, zu weiteren Mobbing-Attacken führt. Deshalb halten viele Betroffene zunächst einfach still. Allerdings führt dieses Stillhalten oft dazu, dass die Betroffenen mit dem Partner oder Freunden über nichts anderes mehr reden können als über die unerträgliche Situation am Arbeitsplatz, was wiederum private Probleme verursachen kann. Der Gemobbte sollte deshalb darauf achten, dass das Thema „Mobbing“ nicht auch noch sein Privatleben dominiert.

Ehekrise wegen Mobbing
Ein Arbeitnehmer leidet am Arbeitsplatz unter Mobbing und berichtet seinem Ehepartner täglich über die neuesten Mobbing-Attacken. Daraus entwickelt sich ein Gespräch, in dem der Ehepartner immer wieder Tipps gibt, wie das Mobbing beendet werden könnte. Diese setzt der Betroffene jedoch nicht in die Tat um, sodass sich der Ehepartner nach einiger Zeit fragen muss, weshalb seine Ratschläge nicht angenommen werden. Dies kann zu einer ernsten Beziehungskrise führen, da der von Mobbing Betroffene durch die Situation am Arbeitsplatz ohnehin emotional nicht besonders belastbar ist.

Wenn Sie merken, dass die Mobbing-Situation am Arbeitsplatz Sie zwar belastet, ein Gespräch mit Kollegen oder Vorgesetzten jedoch nicht in Betracht kommt, sollten Sie sich an eine Beratungsstelle wenden. Die Berater sind selbstverständlich zur Verschwiegenheit verpflichtet, sodass niemand erfährt, dass Sie sich bei ihnen Rat und Hilfe geholt haben. Falls Sie an Ihrem Wohnort keine Beratungsstelle kennen, hilft eine Recherche im Internet weiter: Die meisten haben eine eigene Homepage. Auch die Gewerkschaften bieten Hilfe an.

Es gibt zahlreiche Mobbing-Beratungsstellen, an die sich ein gemobbter Arbeitnehmer wenden kann. Diese sind meist als Verein organisiert oder an eine Gewerkschaft angegliedert.

Beurteilung der Qualität einer Beratungsstelle

Die Qualität der einzelnen Beratungsstellen lässt sich nur schwer beurteilen. Allerdings gibt es durchaus objektive Maßstäbe, die bei der Auswahl helfen können. Hierzu gehört beispielsweise, ob Sie beim ersten Kontakt – das wird meist ein Telefonat sein – Ihr Anliegen ausführlich schildern dürfen. Häufige Unterbrechungen schon beim ersten Gespräch sprechen eher dafür, dass diese Beratungsstelle für Sie ungeeignet ist. Ob Sie darauf Wert legen, dass Ihr Gesprächspartner ausgebildeter Psychologe ist, bleibt Ihnen überlassen. Eine Garantie einer guten Qualität der Beratung ist damit nicht verbunden.

Beratungsphasen

Wenn Sie sich für eine bestimmte Beratungsstelle entschieden haben, müssen Sie auch weiterhin darauf achten, dass die Beratung produktiv ist. Es bringt nichts, wenn Sie dort nur einen geduldigen Zuhörer haben und sich keine Lösungen oder zumindest Lösungsversuche abzeichnen. Im Extremfall bezahlen Sie viel Geld dafür. Selbstverständlich ist es wichtig, dass man Ihnen zuhört. Oft ist es erst der Mitarbeiter in der Beratungsstelle, der die Schilderungen des

Mobbing-Opfers ernst nimmt und wirklich an einer Lösung interessiert ist.

Zu einem guten Beratungsgespräch können Sie selbst viel beitragen. Am besten notieren Sie vor dem Gespräch Fragen, die Sie an den Mobbing-Berater richten wollen. Sicher kennen Sie das Phänomen, dass man zwar viele Fragen an einen Arzt oder Rechtsanwalt hat, sich während des Gesprächs jedoch nur noch an einen Bruchteil davon erinnert. Es ist auch ganz wichtig, dass Sie nichts beschönigen oder weglassen. Wahrscheinlich ist Ihnen nicht ganz wohl dabei, wenn Sie beispielsweise Angriffe auf Ihre Persönlichkeit schildern sollen, die Tabuthemen betreffen. Aber gerade diese Schilderungen sind ganz besonders wichtig, da sie ein Indiz für den Mobbing-Grad sind. Ein erfahrener Berater weiß, dass Mobbing oft „unter die Gürtellinie" geht. Sie können deshalb auch schambesetzte Äußerungen offen ansprechen, ohne befürchten zu müssen, dass Ihr Gesprächspartner damit nicht umgehen kann.

Eine ganz wichtige Phase ist die Festlegung der Ziele. Auch hierzu sollten Sie sich möglichst schon vor dem Erstgespräch Gedanken machen. Vielleicht möchten Sie nur wissen, ob es sich bei den Angriffen überhaupt um Mobbing handelt. Oder Sie benötigen moralische Unterstützung und möchten Kraft schöpfen, um die Situation am Arbeitsplatz überhaupt aushalten zu können. Am besten aber ist es, wenn Sie sich dazu entschließen, den Mobbing-Verlauf aktiv und zu Ihren Gunsten zu beeinflussen. Ein solcher Entschluss löst das Problem am ehesten. Seien Sie sich dabei bitte immer bewusst, dass es bei Mobbing keine schnellen Lösungen gibt. Manchmal muss ein einmal eingeschlagener Weg korrigiert werden, wenn sich zeigt, dass sich an der Mobbing-Situation nichts ändert. Eine Änderung der Strategie spricht übrigens nicht gegen die gute Qualität des Beraters. Mobbing-Situationen sind so komplex, dass es nicht für jede Erscheinungsform eine bestimmte Lösung geben kann.

Lassen Sie sich von Kollegen helfen

In den meisten Mobbing-Fällen ändert sich das Verhältnis des gemobbten Arbeitnehmers zu seinen Kollegen: Manche ziehen sich zurück und vermeiden den Kontakt zum Gemobbten. Andere hingegen ändern ihr Verhalten und zeigen dem Mobbing-Opfer gegenüber eine bisher völlig unbekannte Abneigung. Eher selten gibt es couragierte Kollegen, die sich auf die Seite des Betroffenen schlagen und ihn unterstützen.

> ### *Mobbing ist ansteckend*
> *Ein Arbeitnehmer hatte zu seinen Kollegen viele Jahre lang ein gutes Verhältnis. Nun wird er seit einiger Zeit von seinem neuen Vorgesetzten gemobbt. An dem Mobbing ist zunächst nur der Vorgesetzte als Täter und der Arbeitnehmer als Opfer beteiligt. Nach einiger Zeit muss der Arbeitnehmer feststellen, dass er mit seinen Kollegen kaum noch spricht. Die Initiative zu einem Gespräch geht immer nur vom ihm aus. Mit der Zeit gibt es überhaupt keine Gespräche mehr, da die Kollegen diesem Arbeitnehmer aus dem Weg gehen oder Gesprächsversuche abblocken.*

Der mehr oder weniger schnelle Rückzug der Kollegen ist eine typische Begleiterscheinung des Mobbings. Der eine oder andere Kollege möchte dem betroffenen Arbeitnehmer zwar gerne helfen, bringt jedoch den Mut dazu nicht auf: Schließlich besteht die Gefahr, dass derjenige, der dem Gemobbten beispielsweise weiterhin für ganz normale Gespräche zur Verfügung steht, selbst gemobbt wird. Dies wird insbesondere dann der Fall sein, wenn mit dem Mobbing erreicht werden soll, dass der betroffene Arbeitnehmer das Unternehmen verlässt („Hinausekeln" eines Mitarbeiters).

Meist sind Kollegen eines gemobbten Arbeitnehmers unsicher, wie sie sich verhalten sollen. Sie befürworten das Mobbing zwar nicht, können es aber auch nicht verhindern – aus Angst, dann selbst zu Mobbing-Opfern zu werden.

Was kann ein unbeteiligter Kollege tun?

Verunsicherte Kollegen müssen dem Mobbing nicht tatenlos zusehen. Sie haben mehrere Handlungsmöglichkeiten, die jedoch mehr oder weniger Mut erfordern. Auf jeden Fall sollte die Mobbing-Situation nicht durch Schweigen gedeckt werden. Ein Gespräch mit anderen Kollegen kann hier weiterhelfen. Wird die Situation als genauso unerträglich empfunden? Hat vielleicht jemand eine Idee, wie dem Mobbing-Opfer konkret geholfen werden kann? Kollegen können den Mobber direkt auf sein Verhalten ansprechen und ihn dazu auffordern, das Mobbing zu beenden. Finden sich zu einem solchen Gespräch mehrere Kollegen zusammen, so ist die Chance auf Erfolg recht hoch. Der Mobber muss dann nämlich befürchten, dass er seinerseits ausgegrenzt wird.

Dem Opfer kann auch dadurch geholfen werden, dass ein Kollege ihm anbietet, sich für Gespräche zur Verfügung zu stellen.

Geben Sie nicht auf

Manche Mobbing-Opfer ziehen es vor, sich mit der Situation abzufinden. Sie versuchen, das Verhalten des Mobbenden zu ignorieren und die belastenden Situationen einfach auszuhalten. Diese Reaktion ist nur dann sinnvoll, wenn zugleich versucht wird, den Arbeitsplatz zu wechseln, oder wenn auf andere Weise sichergestellt ist, dass das Mobbing ein baldiges Ende hat.

> *Absehbares Ende*
> *Eine der am Mobbing beteiligten Personen verlässt in absehbarer Zeit das Unternehmen.*

Von dem Versuch, die Situation auszuhalten, wird dringend abgeraten. Sie können Mobbing nicht aussitzen. Der Mobber wird sein Vergnügen an den Schikanen nicht verlieren – im Gegenteil: Es kommt in den meisten Fällen mit der Zeit immer schlimmer. Versuchen Sie deshalb, möglichst frühzeitig Schritte gegen das Mobbing zu unternehmen.

Was tun bei Erhalt einer Kündigung?

Wenn Sie eine krankheitsbedingte Kündigung erhalten, können Sie diese vor dem Arbeitsgericht überprüfen lassen. Stellt das Arbeitsgericht fest, dass die Kündigung rechtmäßig ist, so ist das Arbeitsverhältnis beendet. Ist sie jedoch nicht rechtmäßig, so ist die Kündigung unwirksam und das Arbeitsverhältnis besteht weiter. Sie haben so lange Anspruch auf Gehaltszahlung, bis das Urteil des Arbeitsgerichts rechtskräftig ist. In den allermeisten Fällen endet jedoch ein Kündigungsschutzprozess mit einem Vergleich. Ein Vergleich ist eine Vereinbarung zwischen dem Arbeitgeber und dem Arbeitnehmer.

Abfindung

Ein Arbeitnehmer wird gemobbt und erkrankt dadurch häufig für jeweils einige Tage. Der Arbeitgeber kündigt daraufhin das Arbeitsverhältnis wegen häufiger Kurzerkrankungen. Der Arbeitnehmer erhebt gegen die Kündigung eine Kündigungsschutzklage vor dem Arbeitsgericht. Sind die Prognosen hinsichtlich des Ausgangs des Gerichtsprozesses nicht völlig eindeutig, so schlagen die Arbeitsrichter oft einen Vergleich vor, der zwar das Arbeitsverhältnis beendet, jedoch für den Arbeitnehmer eine Abfindung vorsieht.

In vielen Fällen orientiert sich die Höhe der Abfindung an der Berechnungsformel des § 1a Kündigungsschutzgesetz. Dort ist vorgesehen, dass eine Abfindung 0,5 Bruttomonatsverdienste für jedes Jahr des Bestehens des Arbeitsverhältnisses beträgt.

Wenn Sie eine Kündigung erhalten, haben Sie noch drei Wochen Zeit, vor dem Arbeitsgericht eine Kündigungsschutzklage zu erheben. Halten Sie diese Frist nicht ein, so ist die Kündigung grundsätzlich wirksam und das Arbeitsverhältnis beendet – selbst wenn die Kündigung nicht rechtmäßig ist.

Reagieren Sie kontrolliert

Ein von Mobbing betroffener Arbeitnehmer ist meist unsicher, wie er sich gegenüber dem Mobber verhalten soll. Oft reagiert der Betroffene überhaupt nicht und lässt die Mobbing-Attacken passiv über sich ergehen. Es wird versucht, dem Mobbenden aus dem Weg zu gehen und so wenig Angriffspunkte wie möglich zu bieten. Manchmal jedoch stauen sich Ärger und Wut über das Mobbing an, sodass es nach einiger Zeit zu einer explosionsartigen Abwehr kommt.

> *Explosive Wutentladung*
> *Ein Arbeitnehmer wird von mehreren Kollegen gemobbt, indem er von jeglicher Kommunikation ausgeschlossen wird und seine Arbeitsgeräte immer wieder auf unerklärliche Weise verschwinden. Das Verschwinden eines Schraubenziehers bringt nun das Fass zum Überlaufen: Der Arbeitnehmer schreit seine Kollegen an, dass diese „Diebsgesindel" und eine „Räuberbande" seien.*

Diese Reaktion trägt nicht zur Lösung des Problems bei. Im Gegenteil: Der Mobber erkennt, dass er „erfolgreich" mobbt. Der Betroffene stellt sich durch seinen Wutausbruch selbst negativ dar. Sollten Sie spüren, dass Sie kurz vor einem solchen Aus- bzw. Zusammenbruch stehen, müssen Sie schnell handeln und Strategien gegen das Mobbing entwickeln. Jede Wutäußerung schadet Ihnen und nützt dem Mobber. Deshalb gilt es, starke Reaktionen auf jeden Fall zu vermeiden. Das ist natürlich einfacher gesagt als getan. Das „Sich-Luft-Machen" ist eine natürliche und verständliche Reaktion. Da diese Reaktion für den Gemobbten jedoch nachteilig ist, muss sie unbedingt vermieden werden.

Verlassen Sie vor einem Gefühlsausbruch am besten den Raum und nehmen Sie sich dann fest vor, am Ende des Arbeitstages einen ersten „Anti-Mobbing-Schritt" zu unternehmen. Dieser erste Schritt kann der Anruf bei einer Beratungsstelle sein oder auch darin bestehen, die Adresse und Telefonnummer einer solchen herauszufinden. Wenn Sie Ihren Vorsatz abends auch umsetzen, sind Sie auf dem richtigen Weg.

Auch ständige Verweise darauf, dass man ungestört seiner Arbeit nachgehen möchte, helfen in den wenigsten Fällen weiter. Gerade solche hilflosen Aufforderungen bieten dem Mobber noch weitere Angriffsflächen.

In manchen Mobbing-Situationen hilft es, die Angriffe zu ignorieren und von einer Reaktion auf das Mobbing abzusehen. Zu einem solchen Verhalten ist immer dann zu raten, wenn das Ende des Arbeitsverhältnisses ohnehin in Sicht ist oder der Mobber in absehbarer Zeit das Unternehmen verlässt.

Beugen Sie Mobbing vor

Jeder Arbeitnehmer kann das Risiko, Mobbing-Opfer zu werden, für sich minimieren. Man kann viel dafür tun, dass Mobbing gar nicht erst entsteht. Selbstverständlich können die nachfolgenden Tipps nicht in allen Fällen Mobbing verhindern – auf manche Mobbing-Ursachen hat man als Arbeitnehmer keinen Einfluss.

Bewertung von Kritik

Jeder Arbeitnehmer kann lernen, angemessen mit Kritik umzugehen. Oft wird Kritik falsch oder überbewertet. Durch Missverständnisse kann eine kritische Äußerung einen ganz anderen Inhalt bekommen. Falscher Umgang mit Kritik kann dazu führen, dass sich der kritisierte Arbeitnehmer gemobbt fühlt – obwohl überhaupt kein Mobbing vorliegt. Deshalb sollten die nachfolgenden Ratschläge beachtet werden. Sie erleichtern das Arbeitsleben.

Zunächst sollte sich jeder Arbeitnehmer klar machen, dass Kritik nicht nur zum Arbeitsleben, sondern generell zum Leben gehört. Auch im Privatleben wird kritisiert. Wird jemand nie oder nur äußerst selten kritisiert, so ist dies keinesfalls ein Hinweis darauf, dass es sich hier um einen besonders perfekten Mitmenschen handelt. Möglicherweise erträgt dieser Mensch Kritik besonders schlecht, sodass jeder in seiner Umgebung sich davor hütet, eine kritische Bemerkung fallen zu lassen.

Man muss sich aber auch bewusst sein, dass nicht jede Kritik angenommen werden muss. Kritische Bemerkungen von Dritten oder über Dritte sind immer problematisch. Ebenso wenig muss eine völlig unberechtigte Kritik angenommen werden. In solchen Fällen ist es manchmal am besten, die Sache auf sich beruhen zu lassen.

Kritik wird oft in einer emotional aufgeladenen Situation geäußert. Dabei fällt eine Kritik etwas heftiger aus, als es derjenige, der sie äußert, eigentlich beabsichtigt. Der Kritisierte hingegen reagiert empfindlicher als in einer normalen Situation. Ist den Beteiligten dies bewusst, kann nach Abflauen der Emotionen sogar gegenseitiges Verständnis entstehen.

Unbedachte Äußerung oder echte Kritik?

Die Sekretärin Müller ruft den IT-Administrator an, weil sich ein Programm nicht öffnen lässt. Dieser erwidert, das läge wohl daran, dass Frau Müller von IT keine Ahnung habe. Frau Müller fasst dies als ungerechtfertigte und sogar beleidigende Kritik auf. Sie kennt immerhin alle gängigen Textverarbeitungsprogramme und löst Probleme am PC meist selbst – nur eben dieses Problem ließ sich nicht lösen.

Der IT-Administrator hatte an diesem Tag bereits mehrere Anrufe von Mitarbeitern, die ihre IT-Probleme nicht allein lösen konnten. Aus diesem Grund konnte er ein wichtiges Projekt nicht fristgerecht beenden. Er ließ sich deshalb zu dieser respektlosen Bemerkung hinreißen.

Frau Müller hat nun zwei Möglichkeiten, angemessen zu reagieren: Sie könnte die Äußerung einfach übergehen und den Kollegen nochmals zur Lösung des Problems auffordern. Sie könnte ihn auch mit einer scherzhaften Bemerkung darauf hinweisen, dass sie nicht diejenige ist, die seine Telefonnummer am häufigsten wählen muss. Nicht hilfreich wäre es, wenn Frau Müller sich rechtfertigt und auf ihre Kenntnisse verweist oder gar das „Zurücknehmen" der Bemerkung fordert. Selbstverständlich kommt es immer auf die Umstände des Einzelfalls an. Wenn der IT-Administrator bereits des Öfteren solche Bemerkungen äußerte, dürfte es an der Zeit sein, etwas dagegen zu tun. Dann jedoch muss deutlich werden, dass die Art und Weise der Kommunikation gene-

rell eine andere sein muss. Es dürfen dann auch keinerlei „Ausrutscher" mehr geduldet werden.

Es ist nicht nur im Berufsleben von Vorteil, richtig mit Kritik umgehen zu können. Auch im Privatleben können Konflikte vermieden werden, wenn Kritik richtig eingeordnet wird.

Eindeutige Organisationsstrukturen

Ist ein Unternehmen nicht klar strukturiert und sind Kompetenzen nicht eindeutig zugeordnet, sind Missverständnisse vorprogrammiert. Häufen sich die durch die mangelnde Organisation entstehenden Missverständnisse, kann ein Betriebsklima entstehen, das Mobbing begünstigt.

Durch eine klar strukturierte Organisation und die Schaffung von eindeutigen Stellenbeschreibungen wird Mobbing entgegengewirkt.

Lassen Sie den Arbeitsvertrag aufheben

Manchmal kann die einvernehmliche Aufhebung des Arbeitsvertrags eine gute Lösung für alle Beteiligten sein. Bevor Sie sich zur Unterzeichnung eines Aufhebungsvertrags entschließen, müssen Sie das Für und Wider abwägen. Ist der Vertrag mit einer für Sie akzeptablen Abfindungslösung verbunden, so kann die Beendigung Ihres Arbeitsverhältnisses auf diesem Wege die beste Möglichkeit sein.

Eine der wichtigsten Fragen in diesem Zusammenhang ist die nach der Höhe der Abfindung. Einerseits möchten Sie – wie auch Ihr Arbeitgeber – zwar das Arbeitsverhältnis beenden, allerdings nur zu einem angemessenen „Preis". Bei der Entscheidung, ob das Abfindungsangebot Ihres Arbeitgebers angemessen ist, hilft Ihnen vielleicht die gängige Formel zur Berechnung einer Abfindung weiter. Diese Formel ist in § 1a Abs. 2 Kündigungsschutzgesetz (KSchG) Gesetz geworden. Kündigt nämlich der Arbeitgeber wegen dringender betrieblicher Erfordernisse und erhebt der Arbeitnehmer bis zum Ablauf der dreiwöchigen Frist zur Erhebung einer Kündigungsschutzklage keine Klage, hat der Arbeitnehmer mit dem Ablauf der Kündigungsfrist Anspruch auf eine Abfindung – allerdings nur dann, wenn der Arbeitgeber in der Kündigungserklärung darauf hingewiesen hat, dass die Kündigung auf dringende betriebliche Erfordernisse gestützt ist und der Arbeitnehmer bei Verstreichenlassen der Klagefrist die Abfindung beanspruchen kann. Nach § 1a Abs. 2 KSchG beträgt die Abfindung 0,5 Bruttomonatsverdienste für jedes Jahr des Bestehens des Arbeitsverhältnisses.

> ***Unangebrachtes Abfindungsangebot***
> *Eine Sekretärin ist bereits seit zehn Jahren im Unternehmen. Seit einiger Zeit ist sie Mobbing-Attacken durch Kollegen und Vorgesetzte ausgesetzt – wohl auch deshalb, weil man sie zur Eigenkündigung bewegen möchte. Nun erhält sie vom Arbeitgeber einen Aufhebungsvertrag zur Unterzeichnung. In diesem Aufhebungsvertrag ist eine Abfindung von drei Monatsgehältern vorgesehen. Dieses Angebot wird die Sekretärin wohl nicht annehmen, wenn sie nicht bereits Abmahnungen erhalten hat oder andere Gründe für die Beendigung des Arbeitsverhältnisses sprechen.*

Auch Arbeitsrichter wenden die Formel zur Berechnung der Abfindung nach § 1a KSchG an, wenn sie im Rahmen eines Kündigungsschutzprozesses den Prozessparteien – also dem

Arbeitgeber und dem Arbeitnehmer – eine gütliche Einigung vorschlagen. In diesem Fall wird die Formel jedoch manchmal verändert: Ist der Arbeitsrichter der vorläufigen Auffassung, dass die Kündigung wohl nicht rechtmäßig ist, schlägt er nicht 0,5 Bruttomonatsgehälter pro Beschäftigungsjahr als Basis der Berechnung der Abfindung vor, sondern beispielsweise 0,75 Bruttomonatsgehälter. Damit erhöht sich die Abfindung erheblich. Ist die Fallkonstellation jedoch so, dass der Arbeitnehmer voraussichtlich den Kündigungsschutzprozess verlieren wird – beispielsweise weil einer verhaltensbedingten Kündigung eine rechtmäßige Abmahnung vorausgegangen ist –, so ermäßigt sich die Basis für die Berechnung der Abfindung zum Beispiel auf den Faktor 0,3.

Häufig sind Arbeitgeber bereit, sich im Aufhebungsvertrag zu verpflichten, dem Arbeitnehmer ein gutes oder sehr gutes Zeugnis zu erteilen. Versuchen Sie deshalb, eine solche Vereinbarung im Aufhebungsvertrag unterzubringen.

Nötigung zur Unterzeichnung eines Aufhebungsvertrags

Manchmal drängt ein Arbeitgeber den Arbeitnehmer mit rechtswidrigen Mitteln zur Unterzeichnung eines Aufhebungsvertrags.

> ***Nötigung durch frei erfundene Anschuldigung***
> *Ein Mitarbeiter im Vertrieb wird gemobbt. Es ist offensichtlich, dass durch das Mobbing erreicht werden soll, dass er*

seinen langjährigen Arbeitsvertrag durch Eigenkündigung beendet. Nachdem er einige Monate dem Mobbing standgehalten hat, wird er in das Büro des Arbeitgebers gerufen. Dieser legt dem Arbeitnehmer einen Aufhebungsvertrag vor und teilt ihm zugleich mit, dass er diesen Vertrag sofort zu unterzeichnen habe. Unterzeichne er den Vertrag nicht, so werde umgehend Strafanzeige erstattet, da Unregelmäßigkeiten bei der Spesenabrechnung aufgefallen seien. Zwar ist dieser Vorwurf frei erfunden, der Arbeitnehmer gerät jedoch in Panik und unterzeichnet den Aufhebungsvertrag.

Diesen Aufhebungsvertrag kann der Arbeitnehmer anfechten, da er durch eine Nötigung zustande gekommen ist. Der Arbeitnehmer hat sich im Zusammenhang mit der Spesenabrechnung nichts zuschulden kommen lassen und der Arbeitgeber wusste das. Anders läge der Fall, wenn die Spesenabrechnung tatsächlich nicht immer korrekt erfolgt wäre. In diesem Fall dürfte der Arbeitgeber das Angebot auf Aufhebung des Arbeitsverhältnisses mit der Drohung verbinden, dass bei Nichtunterzeichnung des Vertrags eine Strafanzeige erfolgt – er ist nämlich berechtigt, bei Spesenbetrug eine Strafanzeige zu erstatten.

Inhalt eines Aufhebungsvertrags

Wenn Sie einen Aufhebungsvertrag unterzeichnen möchten, so können Sie das Beste für sich herausholen, wenn Sie sich in diesem Aufhebungsvertrag beispielsweise zusichern lassen,

- dass Sie ein Arbeitszeugnis mit einer bestimmten Note – beispielsweise „gut" – erhalten,

- dass Sie bis zum Ende des Arbeitsverhältnisses unwiderruflich freigestellt werden,
- dass Sie ohne Verlust der Abfindung auch vor dem vereinbarten Ende des Arbeitsverhältnisses selbst kündigen können – nämlich dann, wenn Sie einen anderen Arbeitsplatz gefunden haben. In diesem Fall können Sie sich im Aufhebungsvertrag zusichern lassen, dass Sie vom restlichen Gehalt einen bestimmten Anteil oder sogar das komplette restliche Bruttogehalt erhalten.

Kündigen Sie selbst

Jeder gemobbte Arbeitnehmer wird sofort das Arbeitsverhältnis kündigen, wenn er einen anderen Arbeitgeber gefunden hat. Manchmal ist die Situation aber auch so unerträglich, dass der Betroffene selbst dann kündigt, wenn noch kein neuer Arbeitsplatz in Sicht ist.

Bei einer Kündigung des Arbeitsverhältnisses durch den Arbeitnehmer selbst tritt regelmäßig eine Sperrzeit ein. Das bedeutet, dass der nun ggf. Arbeitslose zunächst kein Arbeitslosengeld erhält. Hat aber der Arbeitnehmer einen wichtigen Grund für die Lösung des Beschäftigungsverhältnisses, so tritt keine Sperrzeit ein. Die Mobbing-Situation kann ein solcher wichtiger Grund sein. Meist jedoch wird der Arbeitnehmer vor einer Kündigung versuchen müssen, die Mobbing-Situation zu beenden. Die Agenturen für Arbeit verlangen hier regelmäßig Nachweise, bevor sie von der Anordnung einer Sperrzeit absehen.

Bewahren Sie alle Unterlagen und Notizen auf, aus denen sich Ihre Bemühungen, das Mobbing zu beenden, ergeben. Diese Unterlagen können bei der Beantragung von Arbeitslosengeld bei der Agentur für Arbeit wichtig werden.

Auf den Punkt gebracht

Mobbing-Situationen sind nicht aussichtslos. Hilfe können Sie von unterschiedlichen Stellen erhalten. Sie müssen aber selbst am Erfolg mitarbeiten. Hierzu gehört es, ein Mobbing-Tagebuch zu führen. Sicherlich fällt es Ihnen am Anfang schwer, die Angriffe und Schikanen auch noch schriftlich niederzulegen. Sie werden aber bald eine Routine entwickeln. Das Mobbing-Tagebuch hilft Ihnen, Ihre Ansprüche erfolgreich durchzusetzen.

Mobbing und Strafrecht

Mobbing selbst ist kein Straftatbestand. Der Arbeitgeber verstößt zwar gegen Vorschriften aus dem Arbeitsrecht, wenn er seine Fürsorgepflicht verletzt. Dieser Verstoß ist jedoch nicht mit einer Strafe verbunden. Allerdings können einzelne Mobbing-Aktionen tatsächlich einen Straftatbestand darstellen. Sie fragen sich nun vielleicht, weshalb es interessant sein soll, ob eine Mobbing-Handlung einen Straftatbestand erfüllt oder nicht – schließlich empfindet so mancher Arbeitnehmer den Ausschluss aus der betrieblichen Kommunikation als belastender als das Verschwinden einer zuvor beim Bäcker gekauften Nascherei. Doch ein Straftatbestand kann durchaus „hilfreich" sein:

Werden im Zusammenhang mit Mobbing auch strafbare Handlungen begangen, so können diese mithilfe von Polizei und Staatsanwaltschaft sanktioniert werden. Auch der Arbeitgeber wird sich eher mit der konkreten Mobbing-Problematik befassen, wenn auch strafbare Handlungen vorliegen. Wird dem Mobber bewusst gemacht, dass seine Mobbing-Handlungen auch strafbar sind, wird er sich eher dazu bewegen lassen, mit dem Mobbing aufzuhören, als wenn sein Tun gerade noch „erlaubt" ist.

Diese Handlungen sind strafbar

Sachbeschädigung

In Mobbing-Fällen ist Sachbeschädigung immer wieder ein Thema. Vorsätzliche Sachbeschädigung ist im Gegensatz zur fahrlässigen Sachbeschädigung strafbar. Selbst der Versuch einer Sachbeschädigung ist strafbar. Die Unterscheidung zwischen vorsätzlicher und fahrlässiger Sachbeschädigung ist nicht immer einfach. Wenn der Mobber die Beschädigung des Gegenstands „billigend in Kauf nimmt", handelt er vorsätzlich. Wenn er jedoch nur die erforderliche Sorgfalt im Umgang mit dem Gegenstand außer Acht lässt, handelt er fahrlässig.

> *Beschädigter Füller*
> *Ein Arbeitnehmer benutzt einen wertvollen Füller bei seiner Arbeit. Der mobbende Kollege sieht die Füllerkappe auf dem Schreibtisch liegen und stellt absichtlich einen schweren Gegenstand auf die Kappe, sodass diese bricht.*

Körperverletzung

Die vorsätzliche Körperverletzung ist strafbar. Eine Körperverletzung ist der Eingriff in die körperliche Unversehrtheit einer Person in Form einer körperlichen Misshandlung oder einer Gesundheitsbeschädigung. Darunter fallen nicht nur schwere, sondern auch „leichtere" Verletzungen wie Kratzer oder blaue Flecken.

> *Vorsätzliche Körperverletzung*
> *Ein Arbeitnehmer wird im Betrieb gemobbt. Immer wieder kommt es vor, dass an der von ihm bedienten Maschine sicherheitsrelevante Teile entfernt werden. Geschieht durch das Fehlen eines solchen Teils ein Unfall, so liegt eine vorsätzliche Körperverletzung vor.*

Auch die fahrlässige Körperverletzung ist strafbar. In Mobbing-Fällen gibt es kaum fahrlässig begangene Körperverletzungen. Der Mobber handelt fast immer vorsätzlich.

Nötigung

Damit eine Nötigung vorliegt, muss der Betroffene vom Täter rechtswidrig mit Gewalt oder durch Drohung mit einem empfindlichen Übel zu einer Handlung, Duldung oder Unterlassung genötigt werden.

> *Zwang zur Kündigung*
> *Ein Arbeitnehmer wird zur Kündigung des Arbeitsvertrags genötigt, indem der Vorgesetzte ihm ankündigt, dass andernfalls das Arbeitsverhältnis arbeitgeberseitig gekündigt und zudem ein schlechtes Arbeitszeugnis ausgestellt wird.*

Beleidigung

Strafbar ist auch die Beleidigung. Beleidigung ist die Kundgabe der Miss- oder Nichtachtung einer anderen Person. Die Äußerung muss einen ehrverletzenden Inhalt haben. Ob eine Äußerung beleidigend ist, hängt auch von dem im Betrieb üblichen Umgang miteinander ab. In einer Steuerberaterkanzlei wird beispielsweise ein anderer Umgangston unter den Mitarbeitern herrschen als in einem metallverarbeitenden Betrieb.

Üble Nachrede und Verleumdung

Die üble Nachrede ist strafbar. Sie ist eine Form der Beleidigung, die sich von dieser jedoch dadurch unterscheidet, dass sie hinter dem Rücken des Betroffenen erfolgt. Bei der üblen Nachrede wird insbesondere eine ehrverletzende Tatsachenbehauptung unter Strafe gestellt. Entscheidend ist, dass diese Tatsachenbehauptung nicht erwiesenermaßen wahr ist. Ist die Tatsachenbehauptung hingegen unwahr und weiß der Täter dies, so liegt eine – ebenfalls strafbare – Verleumdung vor. Die Verleumdung ist also eine bewusste Lüge, die über den Betroffenen verbreitet wird.

Wenn Sie den Mobber anzeigen wollen

Sicherlich fragen Sie sich jetzt, weshalb die Straftatbestände so ausführlich beschrieben werden. Dies hat seinen Grund darin, dass Sie im Falle einer Anzeige des Mobbenden – also des Straftäters – genau wissen müssen, was Sie ihm vorwerfen. Hier kommt es leicht zu Missverständnissen, wenn Sie gegenüber der Polizei von einer Verleumdung sprechen, obwohl tatsächlich eine üble Nachrede vorliegt. Beide Vergehen sind strafbar, sind aber dennoch voneinander zu unterscheiden. Sie haben übrigens das Recht, jederzeit eine Strafanzeige bei der Polizei oder der Staatsanwaltschaft zu erstatten, wenn Sie auch nur den Verdacht haben, dass eine Straftat vorliegt.

Bitte erstatten Sie nicht ins Blaue hinein eine Strafanzeige gegen den Mobbenden. Sie laufen sonst Gefahr, selbst eine Straftat zu begehen.

Die meisten der im Rahmen von Mobbing verübten Straftaten sind sog. Antragsdelikte. Das bedeutet, dass diese Vergehen nur dann verfolgt werden, wenn ein Strafantrag vorliegt. Der Strafantrag kann nur innerhalb einer Frist von drei Monaten ab Kenntnis der Tat gestellt werden.

Selbst wenn ein Straftatbestand vorliegt und der Strafantrag fristgerecht gestellt wurde, wird die Strafverfolgung nicht automatisch aufgenommen. Die Staatsanwaltschaft hat bei den meisten mobbingrelevanten Straftatbeständen die Möglichkeit, das öffentliche Interesse an der Strafverfolgung zu verneinen.

> ***Öffentlich relevant oder nicht?***
> *Ein Autofahrer beleidigt einen Polizeibeamten. Die Staatsanwaltschaft bejaht hier regelmäßig das öffentliche Interesse an der Strafverfolgung. Ist allerdings der Rechtsfrieden über den Lebenskreis des Täters und des Opfers hinaus nicht gestört, so wird das öffentliche Interesse an einer Strafverfolgung verneint. Dies ist beispielsweise bei Beleidigungen unter Ehepartnern der Fall.*

Wird das öffentliche Interesse an der Strafverfolgung von der Staatsanwaltschaft verneint, so verweist diese das Mobbing-Opfer auf den sog. Privatklageweg. Das Opfer muss also selbst Privatklage erheben, in deren Rahmen der Straftäter verurteilt werden kann. Voraussetzung für die Erhebung einer Privatklage ist allerdings die Durchführung eines Sühneverfahrens. Erst nach Scheitern des Schlichtungsversuchs kann eine Privatklage erhoben werden.

Auf den Punkt gebracht

Mobbing hat immer wieder strafrechtlichen Bezug. Die erste Reaktion des Betroffenen ist sicherlich oft der Gedanke, dass eine Einschaltung von Polizei und Staatsanwaltschaft die Situation schnell lösen kann. Dabei muss allerdings beachtet werden, dass die Strafverfolgungsbehörden an zahlreiche Regeln und Vorschriften gebunden sind, die nur die Strafverfolgung betreffen. Die Lösung einer Mobbing-Situation ist nicht Aufgabe von Polizei und Staatsanwaltschaft.

Was kann der Arbeitgeber gegen Mobbing tun?

Sie möchten Ihre Mobbing-Situation optimal lösen. Hierzu reicht es nicht aus, dass Sie Ihre eigenen Handlungsmöglichkeiten kennen. Es ist auch hilfreich zu wissen, welche Maßnahmen Ihr Arbeitgeber in dieser Situation ergreifen kann und welche Konsequenzen im Einzelnen damit für Sie verbunden sind.

Versuchen Sie zunächst, sich in die Position Ihres Arbeitgebers hineinzuversetzen. Auch er ist Zwängen ausgesetzt und kann nicht immer so entscheiden, wie er es für richtig hält. Sie müssen deshalb seinen „Aktionsradius" ermitteln. Eine gründliche Information über die Handlungsspielräume Ihres Arbeitgebers ist für Sie vorteilhaft.

- Fordern Sie von Ihrem Arbeitgeber nichts Unerfüllbares. Sie belasten damit nur Ihr gegenseitiges Verhältnis und verlieren einen wichtigen Bündnispartner.
- Fordern Sie Ihren Arbeitgeber nicht zu Maßnahmen auf, die Ihr Problem offensichtlich nicht lösen können, denn damit handeln Sie gegen Ihr eigenes Interesse.

Schlichtungsverfahren einleiten

Das Schlichtungsverfahren ist eine bewährte Methode, Mobbing zu beenden. Es wirkt vor allem dann, wenn alle anderen Versuche gescheitert sind. Der Schlichter versucht, durch Gespräche mit den am Mobbing Beteiligten eine Lösung des Problems zu finden. Meist werden zunächst Einzelgespräche geführt, in denen das Mobbing-Opfer die Anfeindungen und Schikanen schildern kann. Auch mit dem Mobber werden Einzelgespräche geführt. Der Vorteil dieser Methode liegt darin, dass auch der Mobber seine Sicht des Mobbing-Sachverhalts darstellen kann. Oft lassen sich zwar eindeutig ein aktiv mobbender und ein passiv gemobbter Arbeitnehmer feststellen. Manchmal allerdings muss die Rollenverteilung hinterfragt werden. Möglicherweise gibt es Ereignisse, die von den Beteiligten völlig unterschiedlich bewertet werden.

Nachdem der Schlichter mit allen Beteiligten Einzelgespräche geführt hat, finden gemeinsame Gespräche statt. Diese Gespräche sollten dann allerdings die Lösung des Konflikts in den Vordergrund stellen und nicht in erster Linie Vergangenes aufarbeiten. In diesem Punkt sollte das Mobbing-Opfer Verständnis aufbringen: Es geht nicht um Genugtuung oder gar Rache, sondern um die Gestaltung der gemeinsamen betrieblichen Zukunft. Selbstverständlich fällt es einem Mobbing-Opfer nicht leicht, für die Schikanen nicht einmal eine Entschuldigung vom Mobbenden fordern zu dürfen. Müsste der Schlichter auch die Vergangenheit komplett aufarbeiten, würde das den zeitlichen und auch den finanziellen Rahmen vieler Unternehmen sprengen.

Mobbing-Vorsorge betreiben

Arbeitgeber und Vorgesetzte können bereits im Vorfeld viel dazu beitragen, dass ein mobbingfeindliches Klima im Unternehmen herrscht und Mobbing bereits im Keim erstickt wird. Die Mobbing-Vorsorge umfasst Aufklärung und Information sämtlicher Arbeitnehmer. Dies kann durch Vorträge und die Bereitstellung von Broschüren geschehen. Auch die Bekanntgabe der Adressen von Selbsthilfegruppen und die Auslage des von diesen Gruppen bereitgestellten Informationsmaterials vermitteln, dass Mobbing im Unternehmen nicht geduldet wird. Durch eine Mitarbeiterbefragung kann der Status quo hinsichtlich Mobbing festgestellt werden. Vorgesetzte können im Konfliktmanagement geschult werden, sodass der Umgang mit Mobbing-Situationen professioneller wird.

Das Konfliktmanagement kann konfliktverursachende Strukturen und Abläufe im Unternehmen aufdecken. Die notwendigen Veränderungen können veranlasst werden, ohne dass es einen aktuellen Konfliktfall gibt. Dadurch kann die Organisationsstruktur in Ruhe verbessert werden, ohne dass ein aktueller Konflikt die Suche nach der optimalen Lösung verhindert.

Der ideale Arbeitgeber wird beim ersten Anzeichen von Mobbing das Gespräch mit den betroffenen Arbeitnehmern suchen und sich deren jeweilige Sicht der Situation schildern lassen. So behält er den Überblick über die zwischenmenschlichen Beziehungen in seinem Unternehmen. Jeder Vorgesetzte dürfte daran interessiert sein, produktivitätshemmende Krisen zwischen den Mitarbeitern in seinem Verantwortungsbereich zu verhindern. Zudem werden solche Vorgesetzten weit mehr von ihren Mitarbeitern respektiert. Auch dies erhöht die Motivation der Arbeitnehmer und somit deren Leistung und Produktivität.

Jeder Arbeitgeber muss ein großes Interesse daran haben, dass in seinem Unternehmen kein Mobbing stattfindet. Erkrankt nämlich ein Arbeitnehmer infolge von Mobbing, hat der Arbeitgeber Entgeltfortzahlung für die Dauer der Arbeitsunfähigkeit zu leisten. Diesen Kosten steht keine Arbeitsleistung gegenüber.

Zudem macht sich der Arbeitgeber auch gegenüber dem Mobbing-Opfer schadensersatzpflichtig, wenn diesem durch das Mobbing ein Schaden entstanden ist. Dieser Schaden kann darin bestehen, dass der Arbeitnehmer für die Zeiten seiner durch das Mobbing verursachten Erkrankung Gehaltseinbußen hat. Die Entgeltfortzahlung beträgt regelmäßig nur einen Teil des Nettogehalts. Jeder Arbeitgeber hat gegenüber allen Arbeitnehmern eine Fürsorgepflicht wahrzunehmen. Er muss in diesem Zusammenhang alle Arbeitnehmer vor körperlichen und seelischen Beeinträchtigungen und Schäden schützen.

Ist dem Arbeitgeber bekannt, dass in seinem Unternehmen gemobbt wird, muss er dagegen vorgehen. Er muss zudem das Unternehmen so organisieren, dass Mobbing unterbleibt. Das ist seine Pflicht gegenüber den bei ihm beschäftigten Arbeitnehmern, die sich aus dem Arbeitsvertrag, den er mit ihnen abgeschlossen hat, ergibt.

Arbeitnehmer sind vertraglich verpflichtet, störendes Verhalten zu unterlassen. Diese Pflicht besteht allerdings nur im Verhältnis zwischen Arbeitnehmer und Arbeitgeber, da nur diese vertraglich miteinander verbunden sind. Zwischen den einzelnen Beschäftigten besteht diese Verbindung jedoch nicht, sodass ein Arbeitnehmer von einem Kollegen nicht unmittelbar verlangen kann, störendes Verhalten zu unterlassen. Sie können also nicht immer direkt gegen den Mobber vorgehen. Etwas anderes gilt jedoch dann, wenn das störende Verhalten des Kollegen ein solches Ausmaß erreicht, dass sich die Rechtswidrigkeit aus anderen Rechtsgrundlagen ergibt.

Eindeutige Rechtswidrigkeit
Ein Kollege beschädigt absichtlich eine Aktentasche, die Ihnen gehört. Sie können von diesem Kollegen Schadensersatz verlangen.

Der Arbeitgeber ist verpflichtet, Mobbing-Situationen zu verhindern. Dass er dabei auch noch Kosten sparen kann, wird immer mehr Arbeitgebern bewusst. Jede Maßnahme, die Mobbing verhindert, senkt die Kosten eines Unternehmens. Selbstverständlich kann eine Umorientierung nicht von einem Tag auf den anderen erfolgen. Es dauert viele Monate, bis das innerbetriebliche Konflikt-Managementsystem greift.

Mobbing-Beauftragter

In manchen Unternehmen gibt es einen Mobbing-Beauftragten. An diesen kann sich ein Betroffener wenden. Der Beauftragte ist meist ein Mitglied des Betriebs- bzw. Personalrats. In Unternehmen mit einem Mobbing-Beauftragten wird das Verhalten der Mobber eher sanktioniert als in Unternehmen ohne Mobbing-Beauftragten. Schon allein die Existenz eines solchen kann Mobbing verhindern: Jeder Arbeitnehmer weiß, dass Mobbing im Unternehmen nicht geduldet wird.

Ermahnen und Abmahnen

Der Arbeitgeber kann den Mobbenden entweder ermahnen oder abmahnen.

Die Ermahnung führt dem Mobbenden vor Augen, dass er sich arbeitsvertragswidrig verhält. In der Ermahnung wird das gerügte Verhalten des Arbeitnehmers beschrieben und ihm mitgeteilt, wie er sich künftig zu verhalten hat. Wird dem Arbeitnehmer angedroht, dass im Fall der Wiederholung eine arbeitsrechtliche Konsequenz – meist wird dies eine arbeitgeberseitige Kündigung sein – gezogen wird, so handelt es sich nicht mehr um eine Ermahnung, sondern um eine Abmahnung. Für den gemobbten Arbeitnehmer ist es besser, dass der Mobber abgemahnt und nicht nur ermahnt wird.

Es steht dem Arbeitgeber frei, ob er den Mobbenden abmahnen oder nur ermahnen möchte. Er darf sogar völlig von arbeitsrechtlichen Konsequenzen absehen – der Gemobbte hat darauf keinen Anspruch. Er hat gegenüber dem Arbeitgeber jedoch den Anspruch, dass dieser das Mobbing unterbindet. Die Wahl der Mittel bleibt aber dem Arbeitgeber überlassen.

Dem Mobbenden verhaltensbedingt kündigen

Der Arbeitgeber hat die Möglichkeit, dem Mobbenden verhaltensbedingt zu kündigen. Diese Kündigung setzt allerdings regelmäßig voraus, dass der mobbende Arbeitnehmer zuvor abgemahnt wurde. Der Kündigungsgrund besteht in diesen Fällen darin, dass die Vertrauensgrundlage für die Fortführung des Arbeitsverhältnisses mit dem Mobbenden erheblich gestört ist. Bei besonders grobem und vorsätzlichem Mobbing-Verhalten darf der Arbeitgeber das Arbeitsverhältnis sogar fristlos und ohne Abmahnung kündigen, da der mobbende Arbeitnehmer wissen muss, dass ein derart grobes und vorsätzliches Mobbing keinesfalls vom Arbeitgeber geduldet wird.

> *Abmahnung*
> *Ein Arbeitnehmer mobbt seinen Kollegen, indem er immer wieder dessen Homosexualität in negativer Art und Weise zum Thema macht. Er wird vom Arbeitgeber aufgefordert, dieses Verhalten künftig zu unterlassen; ansonsten wird das Arbeitsverhältnis gekündigt. Bei der nächsten Diskriminierung durch den Arbeitnehmer kann der Arbeitgeber kündigen.*

Den Gemobbten oder den Mobbenden versetzen

Selbstverständlich kann der Arbeitgeber den mobbenden Kollegen versetzen. Die Versetzung erfolgt durch einfache Ausübung des Direktionsrechts des Arbeitgebers. Dann allerdings muss der Arbeitsvertrag des Mobbenden die Versetzung zulassen – und dies ist nur unter bestimmten Umständen der Fall. Beispielsweise muss der Arbeitsvertrag im Hinblick auf die Beschreibung der Arbeitsleistung genau die Tätigkeit der neuen Stelle umfassen.

> *Fehlende Versetzungsklausel*
> *Wenn ein Arbeitnehmer im Arbeitsvertrag für die Buchhaltung eingestellt wird und in diesem Arbeitsvertrag keine*

Versetzungsklausel enthalten ist, so dürfen diesem Arbeitnehmer keine Aufgaben z. B. aus dem Bereich der Kundenbetreuung zugewiesen werden.

Möchte der Arbeitgeber dem Mobber Aufgaben zuweisen, die dieser nach dem Inhalt seines Arbeitsvertrags nicht zu erledigen braucht, so kann er ihn nicht ohne Weiteres auf diesen Arbeitsplatz versetzen. Der Arbeitgeber muss erst eine Änderungskündigung aussprechen. Diese ist an strenge Voraussetzungen gebunden, die der betroffene Arbeitnehmer vor dem Arbeitsgericht überprüfen lassen kann.

Auf den Punkt gebracht

Dem Arbeitgeber stehen verschiedene arbeitsrechtliche Instrumente zur Verfügung, um dem Mobbing ein Ende zu setzen. Die mildeste Maßnahme ist ein Gespräch des Arbeitgebers mit dem mobbenden Arbeitnehmer. Darin kann an dessen Einsicht appelliert werden. Sollte darauf keine Verhaltensänderung eintreten, so muss der Arbeitgeber zu anderen Maßnahmen greifen, die bis zur Kündigung reichen können.

Am besten ist es jedoch, ein mobbingfeindliches Betriebsklima zu schaffen. Mobbing tritt bei bestimmten Rahmenbedingungen häufiger auf. Hierzu gehören z. B. fehlende Transparenz, starre Hierarchien und eine generelle Überforderung der Arbeitnehmer. Auf diese Faktoren kann der Arbeitgeber Einfluss nehmen.

Diese Ansprüche hat das Mobbing-Opfer

Die Ansprüche der Mobbing-Opfer sind zwischenzeitlich bereits mehrfach gerichtlich festgestellt worden. Es gibt immer mehr Gerichtsverfahren, die Mobbing zum Gegenstand haben.

Schadensersatzansprüche

Schadensersatzansprüche kann ein Mobbing-Opfer in erster Linie gegen den Arbeitgeber, aber unter Umständen auch gegen den mobbenden Kollegen geltend machen.

Schadensersatzansprüche nach Kündigung

Der gemobbte Arbeitnehmer ist berechtigt, das Arbeitsverhältnis nach § 628 Abs. 2 BGB außerordentlich zu kündigen und gegenüber dem Arbeitgeber das durch die Eigenkündigung entgangene Gehalt im Rahmen eines Schadensersatzanspruchs geltend zu machen.

Allerdings ist es riskant, das Arbeitsverhältnis zu kündigen und dann das entgangene Gehalt als Schadensersatz vor dem Arbeitsgericht einzuklagen. Verliert der Arbeitnehmer diese Klage, so erhält er keinen Schadensersatz und hat auch keinen Arbeitsplatz mehr. Dieses Vorgehen sollte also nur dann gewählt werden, wenn der Mobbing-Sachverhalt eindeutig feststeht und auch beweisbar ist. Selbstverständlich muss der Gemobbte zuvor alle Mittel ausgeschöpft haben, das Mobbing zu unterbinden. Beispielsweise sollte er mit seinem Arbeitgeber über die Mobbing-Situation gesprochen haben.

Bevor Sie Ihr Arbeitsverhältnis kündigen, sollten Sie Ihr Recht zur Arbeitsverweigerung ausüben. In diesem Fall erhalten Sie immerhin das Arbeitsverhältnis aufrecht.

Arbeitsverweigerung

Der gemobbte Arbeitnehmer kann nach § 373 BGB seine Arbeitskraft zurückhalten.

In ganz bestimmten Situationen darf ein Arbeitnehmer die Arbeitsleistung verweigern und zu Hause bleiben. Dieses Recht nennt man Zurückbehaltungsrecht. Er darf die Arbeit beispielsweise verweigern, wenn der Arbeitgeber seiner Fürsorgepflicht nicht nachkommt. Das Gleiche gilt, wenn es ihm z. B. wegen einer akuten Gefährdung von Leib und Leben unzumutbar ist, seine Arbeitsleistung zu erbringen.

> *Mangelnde Sicherheit*
> *Ein Arbeitnehmer muss bei der Arbeit Sicherheitsschuhe tragen. Der Arbeitgeber stellt ihm diese zwar zur Verfügung, sie sind ihm jedoch zu klein.*

Allerdings darf der Arbeitnehmer in Mobbing-Fällen von seinem Zurückbehaltungsrecht erst dann Gebrauch machen, wenn er den Arbeitgeber konkret auf die Pflichtverletzung hingewiesen und ihm Gelegenheit gegeben hat, den Mobbing-Tatbestand abzustellen.

Übrigens hat vor einigen Jahren eine Arbeitnehmerin bereits versucht, ihr Zurückbehaltungsrecht gerichtlich durchzusetzen, und ist bis vor das Bundesarbeitsgericht gezogen. Dieses höchste Arbeitsgericht hatte die Klage der Arbeitnehmerin jedoch abgewiesen, weil diese nicht konkret dargelegt hat, in welchen Situationen am Arbeitsplatz sie sich gemobbt fühlte. Sie hätte nämlich genau beschreiben müssen, welche Umstände ihrer Arbeit oder welche Handlungen oder Äußerungen ihrer Vorgesetzten oder Arbeitskollegen sie als Mobbing betrachtet. Nur dann wird nämlich klar, ob der Arbeitgeber Maßnahmen ergriffen hat, die geeignet sind, die Entstehung einer Mobbing-Situation künftig zu verhindern.

Genaue Schildungen

Die Arbeitnehmerin hätte in ihrer Klage angeben müssen, mit welchen Vorgesetzten oder Mitarbeitern sie nicht mehr zusammenarbeiten kann oder mit welchen Tätigkeiten sie nicht mehr betraut werden darf, weil im Rahmen dieser Aufgaben oder bei einer Zusammenarbeit mit diesen Personen Mobbing-Situationen entstehen.

Der Gemobbte muss also ganz konkrete Begebenheiten nennen können, damit sein Arbeitgeber erkennen kann, was er tun muss, damit der Arbeitnehmer wieder arbeitet. Fehlt eine genaue Beschreibung der Mobbing-Situation, so verweigert der Arbeitnehmer zu Unrecht seine Arbeit. Der Arbeitgeber kann ihn deshalb abmahnen und bei weiterer – unberechtigter – Arbeitsverweigerung das Arbeitsverhältnis verhaltensbedingt kündigen. Die Arbeitsverweigerung ist damit ein recht riskantes Mittel für den Arbeitnehmer, dem Mobbing entgegenzutreten.

Wenn Sie also von Ihrem Zurückbehaltungsrecht Gebrauch machen wollen, müssen Sie in der Lage sein, konkrete Situationen zu nennen, in denen Ihr Arbeitgeber nichts gegen das Mobbing unternommen hat.

Schmerzensgeld

Schmerzensgeld erhält ein Mobbing-Opfer immer dann, wenn tatsächlich Gesundheitsverletzungen vorliegen. Fühlt sich der Gemobbte lediglich psychisch beeinträchtigt, ist keine Gesundheitsverletzung gegeben. Ein wichtiger Anhaltspunkt bei der Beurteilung der Frage, ob eine Gesundheitsverletzung vorliegt, ist deren nachgewiesene Behandlungsbedürftigkeit. Bei sichtbaren Körperverletzungen ist das in der Regel kein Problem. Mobbing verursacht jedoch in den meisten Fällen „unsichtbare" psychische Gesundheitsverletzungen.

Wird durch Mobbing eine Depression ausgelöst, sollte die Behandlungsbedürftigkeit durch ein ärztliches Attest bestätigt werden.

Gesundheitsschäden

Schmerzensgeld kommt vor allem in Betracht, wenn das Mobbing bereits die Gesundheit des gemobbten Arbeitnehmers beeinträchtigt hat. Die Höhe des Schmerzensgelds bemisst sich nach der Schwere des Gesundheitsschadens. Je stärker die Gesundheit geschädigt ist, desto höher fällt das Schmerzensgeld aus.

Verletzung des Persönlichkeitsrechts

Auch wegen der Verletzung des Persönlichkeitsrechts kann Anspruch auf Schmerzensgeld bestehen. Allerdings kann nicht jeder Mobbing-Tatbestand einen Anspruch auf Schmerzensgeld begründen. Es muss sich um einen schwerwiegenden, rechtswidrigen und schuldhaften Eingriff handeln. Zudem darf die Verletzung des Persönlichkeitsrechts nicht auf andere Weise wie beispielsweise durch Unterlassung oder Widerruf ausgeglichen werden können.

Die Höhe des Schmerzensgelds orientiert sich in erster Linie an der Schwere der Mobbing-Handlungen und deren Folgen für den Geschädigten.

Die Schmerzensgelder aufgrund von Mobbing können beachtliche Höhen erreichen. Das Arbeitsgericht Dresden hatte einem Arbeitnehmer im Jahr 2003 25.000 Euro Schmerzensgeld zugesprochen (ArbG Dresden, 7.7.2003 – 5 Ca 5954/02). Das Arbeitsgericht Ludwigshafen hat einem Mobbing-Opfer ein Schmerzensgeld in Höhe von 52.000 Euro zugebilligt, wobei sich die Höhe des Schmerzensgelds an der Höhe des Monatseinkommens orientiert hat.

Widerruf und Unterlassung

Schadensersatz und Schmerzensgeld werden einem Mobbing-Betroffenen von einem Gericht nur dann zugesprochen, wenn tatsächlich ein Schaden eingetreten ist. Der Schaden liegt in Mobbing-Fällen fast immer in der Verletzung der Gesundheit. Allerdings muss der Gemobbte beweisen können, dass der Gesundheitsschaden durch das Mobbing verursacht ist. Dies gelingt in vielen Fällen nicht.

Zwar gibt es typischerweise durch Mobbing hervorgerufene Krankheitsbilder; diese können allerdings auch in anderen Umständen ihren Grund haben.

> *Erkrankungsursachen*
> *Schlaflosigkeit und Herzrasen eines Arbeitnehmers sind nicht zwangsläufig durch Mobbing verursacht. Auch Eheprobleme können Ursache für diese Symptome sein. Dasselbe gilt für Bluthochdruck oder Kopfschmerzen und andere Erkrankungen.*

Sie haben jedoch immer die Möglichkeit, vom Mobbenden die Unterlassung von Mobbing-Handlungen – beispielsweise ehrverletzenden Äußerungen – zu verlangen. Auch den Widerruf von ehrverletzenden Äußerungen können Sie geltend machen. Unterlässt der Mobbende die Mobbing-Handlungen dann nicht, so kann vom Gericht ein Ordnungsgeld gegen ihn verhängt werden.

Ansprüche aus dem AGG

Bei vielen Mobbing-Fällen dürfte ein Verstoß gegen das Allgemeine Gleichbehandlungsgesetz (AGG) vorliegen. Nach § 13 AGG können sich Arbeitnehmer, die sich benachteiligt fühlen, bei den zuständigen betrieblichen Stellen beschweren. Das AGG ist eine wirksame Waffe im Kampf gegen Mobbing. Hat das Mobbing seine Ursache in einer Diskriminierung, kann der diskriminierte Arbeitnehmer aus dem AGG Ansprüche herleiten.

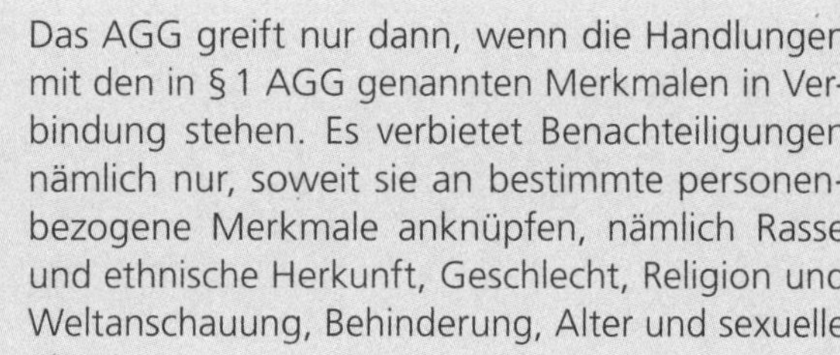

Das AGG greift nur dann, wenn die Handlungen mit den in § 1 AGG genannten Merkmalen in Verbindung stehen. Es verbietet Benachteiligungen nämlich nur, soweit sie an bestimmte personenbezogene Merkmale anknüpfen, nämlich Rasse und ethnische Herkunft, Geschlecht, Religion und Weltanschauung, Behinderung, Alter und sexuelle Identität.

Die Rechte der Beschäftigten aus dem AGG reichen vom Beschwerde- über das Leistungsverweigerungsrecht, Entschädigung und Schadensersatz bis zum Maßregelungsverbot. Zudem gibt es Beweiserleichterungen.

Auf den Punkt gebracht

Ein gemobbter Arbeitnehmer kann unterschiedliche Ansprüche gegenüber dem Arbeitgeber geltend machen. Durch Mobbing entstandene Schäden sind zu ersetzen. Allerdings muss der Gemobbte beweisen können, dass ihm tatsächlich ein Schaden entstanden ist. Das ist häufig nicht einfach. Den Ersatz eines durch Krankheit entstandenen Verdienstausfalls kann ein gemobbter Arbeitnehmer nur dann fordern, wenn die Krankheit ihre Ursache im Mobbing hat. Dasselbe gilt für Schmerzensgeldansprüche.

Was kann der Betriebsrat tun?

Die wirksamste Bekämpfung von Mobbing besteht darin, alles dafür zu tun, dass es gar nicht erst dazu kommt. Betriebs- und Personalräte können hier viel ausrichten. Liegen erste Anzeichen für Schikanen am Arbeitsplatz gegen einzelne Arbeitnehmer vor, haben Betriebs- und Personalräte einen Anspruch auf Freistellung für ein Seminar, das die Vermeidung von Mobbing zum Gegenstand hat.

In Behörden gibt es keinen Betriebs-, sondern einen Personalrat. Der Personalrat hat im Wesentlichen dieselben Rechte wie der Betriebsrat.

Jeder Mobbing-Betroffene sollte wissen, ob im Betrieb seines Arbeitgebers ein Betriebsrat besteht. Dessen Aufgabe ist es, die Arbeitnehmerinteressen im Betrieb zu vertreten. Nach dem Betriebsverfassungsgesetz arbeiten der Arbeitgeber und der Betriebsrat zum Wohl der Arbeitnehmer zusammen. Der Betriebsrat wird von den Arbeitnehmern des Betriebs gewählt, allerdings nur dann, wenn im Betrieb mindestens fünf ständige wahlberechtigte Arbeitnehmer beschäftigt sind.

Diese Rechte hat der Betriebsrat

Die Rechte des Betriebsrats sind im Betriebsverfassungsgesetz ausführlich beschrieben. Ein wichtiges Recht ist das

Anhörungsrecht bei Kündigungen. Vor jeder Kündigung hat der Arbeitgeber den Betriebsrat anzuhören.

Der Betriebsrat hat zahlreiche Möglichkeiten, Mobbing zu verhindern. Schon bevor Mobbing in einem konkreten Fall auftritt, kann er dafür sorgen, dass ein mobbingfeindliches Betriebsklima besteht. Nicht jedes Unternehmen ist in gleichem Maße anfällig für Mobbing. Es gibt bestimmte Unternehmensmerkmale, die darauf hindeuten, dass das Risiko von Mobbing höher ist als in anderen Betrieben. Dazu gehören beispielsweise starre Hierarchien. Auch ein übermäßiger Einsatz von Teilzeitmitarbeitern oder geringfügig Beschäftigten erhöht das Risiko von Mobbing im Unternehmen. Hier kann der Betriebs- oder Personalrat beim Arbeitgeber zumindest ein Problembewusstsein wecken.

Der Betriebsrat kann im Vorfeld Mobbing verhindern. Hierzu gibt ihm das Betriebsverfassungsgesetz Instrumente an die Hand:

Fortbildungen

Der Betriebsrat kann Fortbildungen zum Thema Mobbing-Prävention belegen. Eine solche Fortbildung muss der Arbeitgeber dem Betriebsrat auf jeden Fall dann bezahlen, wenn im Betrieb schon erste Anzeichen von Mobbing bestehen.

Beschwerde

Im Betriebsverfassungsgesetz (BetrVerfG) ist in §§ 84, 85 das Beschwerderecht des Arbeitnehmers geregelt. Nach § 75 BetrVerfG muss jeder Arbeitgeber jeden Arbeitnehmer nach den Grundsätzen von Recht und Billigkeit behandeln. Hierzu gehört auch, dass derjenige, der sich beschwert, dadurch keinen Nachteil erleiden darf. Das gilt übrigens auch für Unternehmen, in denen es keinen Betriebsrat gibt.

Wenn Sie Ihr Beschwerderecht wahrnehmen, sollten Sie zu diesem Gespräch einen Zeugen mitnehmen.

Die Beschwerde richtet sich regelmäßig an den Vorgesetzten oder den Arbeitgeber selbst. Der Vorgesetzte bzw. der Arbeitgeber muss prüfen, ob die Beschwerde berechtigt ist. Er darf also nicht einfach über das Vorbringen des Arbeitnehmers hinweggehen. Er muss dem Arbeitnehmer sagen, auf welche Art und Weise er die Beschwerde erledigen möchte. Er muss ihm beispielsweise mitteilen, dass er die Berechtigung der Beschwerde prüfen wird.

Die Beschwerde beim Betriebsrat dürfte in den meisten Fällen eine der aussichtsreichsten Handlungsmöglichkeiten sein. Der Betriebsrat kann stellvertretend für den Arbeitnehmer mit dem Arbeitgeber in Kontakt treten und eine Lösung suchen. Er kann dem Arbeitgeber Vorschläge machen, wie dem Mobbing entgegengewirkt werden kann. Er kann sogar vorschlagen, dem Mobber zu kündigen.

Auf den Punkt gebracht

Der Betriebsrat ist die Mitarbeitervertretung im Unternehmen. Er vertritt die Interessen der Arbeitnehmer, und zwar nicht nur auf einen konkreten Antrag eines Arbeitnehmers hin, sondern generell. Der Betriebsrat fördert und sichert die Beschäftigung für die Arbeitnehmer. In diesem Zusammenhang hat er auch Einfluss auf die Gestaltung der Arbeitsplatzumgebung und des Arbeitsablaufs. Der Betriebsrat kann also für eine mobbingfeindliche Arbeitsplatzumgebung sorgen.

Der Arbeitgeber muss den Betriebsrat über alle Vorhaben, die die Belange der Arbeitnehmer betreffen, rechtzeitig informieren. So kann der Betriebsrat seinen Einfluss schon in einem recht frühen Stadium geltend machen.

Wenn Sie Ihre Ansprüche gerichtlich durchsetzen wollen

Vor den Arbeitsgerichten werden die Ansprüche gemobbter Arbeitnehmer oft zurückgewiesen. Das liegt aber nicht daran, dass die Arbeitsrichter kein Verständnis für deren Situation hätten. Meist scheitern Mobbing-Klagen daran, dass die Betroffenen in ihrer Klage die Mobbing-Handlungen nicht ausreichend präzise beschreiben können.

Dennoch bleibt als letzter Ausweg zur Lösung des Konflikts manchmal nur ein gerichtliches Verfahren. Vielleicht wünschen Sie sich die Hilfe eines Richters oder glauben, dass ein Gerichtsurteil der Mobbing-Situation ein Ende setzt. In wenigen Fällen kann ein arbeitsgerichtliches Verfahren tatsächlich helfen, das Mobbing zu beenden. Meist ist es allerdings so, dass eine Klage vor dem Arbeitsgericht letztlich zur Aufhebung des Arbeitsverhältnisses führt – meist gegen die Zahlung einer Abfindung.

Da möglicherweise gerade dies – also die Auflösung des Arbeitsverhältnisses sowie eine angemessene Abfindung – Ihr Ziel ist, werden Sie im Folgenden über den Verlauf eines Gerichtsverfahrens informiert. Vor den Arbeitsgerichten gelten bestimmte Regeln, die Sie kennen sollten. Nur dann können Sie die Chancen und Risiken eines Gerichtsverfahrens realistisch einschätzen.

Wer zahlt die Gerichts- und Anwaltskosten?

Manchmal lässt sich eine Mobbing-Situation nur mithilfe von Rechtsanwälten oder Gerichten lösen. Diese werden jedoch nicht kostenlos tätig. Es fallen Rechtsanwaltsgebühren nach dem Rechtsanwaltsvergütungsgesetz an. Falls ein Gerichtsprozess geführt wird, müssen Gerichtskosten bezahlt werden. Diese Kosten übernimmt in der Regel die Rechtsschutzversicherung. Allerdings ist diese nicht in jedem Fall eintrittspflichtig. Es müssen bestimmte Voraussetzungen vorliegen, damit eine sog. Kostendeckungszusage erteilt wird.

Zunächst müssen Sie – oder Ihr Rechtsanwalt – der Rechtsschutzversicherung ausführlich Ihr Problem schildern. Hier lauern schon die ersten Gefahren: Wenn Sie Ihre Mobbing-Situation nur ganz allgemein beschreiben können, wird dies kaum ausreichen. Sie müssen konkrete Beispiele nennen, wie Sie gemobbt werden. Anhand dieser Beispiele prüft die Rechtsschutzversicherung, ob Ihrem Arbeitgeber ein Verstoß gegen seine Fürsorgepflicht vorgeworfen werden kann. Stellt sie einen solchen Verstoß fest, können Sie mit einer Deckungszusage rechnen. Liegt aber kein Verstoß vor, so geben Rechtsschutzversicherer oft keine Kostendeckungszusage.

Nachweislicher Verstoß gegen die Fürsorgepflicht

Ein Arbeitnehmer wird von seinen Kollegen bereits seit Längerem gemobbt. Seinen Vorgesetzten hat er jedoch noch nicht informiert. In dieser Situation wird eine Rechtsschutzversicherung meist keine Rechtsanwaltskosten übernehmen, da ein Rechtsverstoß des Arbeitgebers noch nicht erkennbar ist. Erst wenn der Arbeitgeber vom Mobbing weiß und nichts dagegen unternimmt, obwohl ihn der Arbeitnehmer hierzu aufgefordert hat, liegt ein Rechtsverstoß vor und eine Kostendeckungszusage wird erteilt.

Sollten Sie von einem Rechtsanwalt zunächst nur eine Beratung über Ihre Rechte bei Mobbing wünschen, so sind Rechtsschutzversicherer ebenfalls nicht zur Übernahme der Kosten verpflichtet.

Interesse an Information

Ein Arbeitnehmer mobbt einen seiner Kollegen und wird daraufhin in eine andere Abteilung des Unternehmens versetzt. Ein Mitarbeiter dieser Abteilung hat nun wiederum ein Interesse daran zu erfahren, welche Rechte er hat, falls er von seinem neuen Kollegen gemobbt wird.

Rechtsschutzversicherungen müssen auch dann die Rechtsanwalts- und Gerichtskosten nicht übernehmen, wenn Sie mit Ihrem Rechtsschutzversicherungsvertrag die Wartezeit von drei Monaten noch nicht erfüllt haben.

Rechtsverstoß vor Abschluss des Vertrags

Ein Arbeitnehmer hat seit Januar 2019 einen Rechtsschutzversicherungsvertrag. Im Juli 2019 möchte er seine Rechtsschutzversicherung in Anspruch nehmen, weil er seit Herbst 2018 von Kollegen und auch dem Arbeitgeber selbst gemobbt wird. Hier wird die Rechtsschutzversicherung keine Kostendeckungszusage erteilen, da der Rechtsverstoß des Arbeitgebers bereits vor Abschluss des Rechtsschutzversicherungsvertrags vorlag.

Anders sieht es aus, wenn die Mobbing-Situation beendet ist und sich nach einigen Monaten erneut bildet. Hier könnte ein neuer Sachverhalt vorliegen, der zu einer Deckungspflicht der Rechtsschutzversicherung führt.

Wenn Ihnen eine Kündigung angedroht wird, muss Ihre Rechtsschutzversicherung die Rechtsanwaltskosten übernehmen. Sollte sie die Erteilung einer Kostendeckungszusage ablehnen, weil noch kein Rechtsverstoß des Arbeitgebers vorliegt, sollten Sie darauf verweisen, dass der Rechtsverstoß darin liegt, dass kein Kündigungsgrund ersichtlich ist. Die Rechtsschutzversicherung muss eine Kostendeckungszusage erteilen, wenn eine nicht gerechtfertigte Kündigung angedroht wird.

Unberechtigte Androhung einer Kündigung

Ein Arbeitnehmer möchte einen Aufhebungsvertrag nicht unterzeichnen, da er keine Abfindung enthält. Sein Arbeitgeber setzt ihn daraufhin unter Druck, indem er eine Kündigung des Arbeitsverhältnisses androht.

Oft geht das Mobbing auch vom Arbeitgeber selbst aus. Dann werden unberechtigte Abmahnungen erteilt, sogar manchmal mehrere an einem einzigen Tag. Damit soll meist eine Zermürbung des Arbeitnehmers erreicht werden, damit dieser das Arbeitsverhältnis selbst kündigt oder einen Aufhebungsvertrag unterzeichnet. Wenn Sie im Zusammenhang mit diesen Abmahnungen einen Rechtsanwalt einschalten wollen, so muss Ihre Rechtsschutzversicherung eine Kostendeckungszusage erteilen. Manchmal allerdings will diese nur einen Teil der Rechtsanwaltskosten übernehmen. Es wird argumentiert, alle Abmahnungen wären auf den Wunsch des Arbeitgebers zurückzuführen, das Arbeitsverhältnis aufzulösen. Bleiben Sie hartnäckig und fordern Sie Ihre Rechtsschutzversicherung nochmals auf, eine Kostendeckungszusage zu erteilen. Diese muss die Rechtsanwaltskosten für jede einzelne Abmahnung bezahlen.

Rechtsschutzversicherungen müssen auch dann zahlen, wenn der Arbeitgeber dem Arbeitnehmer Mobbing androht. Mobbing-Drohungen kommen insbesondere dann vor, wenn der Arbeitnehmer einen vom Arbeitgeber gewünschten Aufhebungsvertrag nicht unterzeichnet.

So entscheiden die Gerichte – einige Beispiele aus der Praxis

Gemobbte Arbeitnehmer erheben eher selten Klage vor dem Arbeitsgericht. Dennoch gibt es einige Urteile, die Mut machen. Arbeitsrichter haben gezeigt, dass sie die Rechte von Mobbing-Opfern wahren.

Eine der ersten Entscheidungen des Bundesarbeitsgerichts zum Mobbing stammt aus dem Jahr 1997. Es hatte entschieden, dass der Arbeitgeber dem Betriebsrat eine Schulung zum Thema „Mobbing“ bezahlen muss, denn im betreffenden Betrieb gab es eine konkrete Situation, in der möglicherweise Mobbing vorlag.

Einige Jahre später hat das Landesarbeitsgericht Thüringen eine wichtige Entscheidung getroffen. Dabei war das Opfer selbst nicht direkt am Gerichtsprozess beteiligt. Das Gerichtsverfahren betraf die Kündigung eines Arbeitnehmers, der einen anderen Arbeitnehmer gemobbt hatte:

Kündigungsschutzklage abgewiesen

Ein Vorgesetzter beleidigte einen nachgeordneten Mitarbeiter ständig, sodass dieser sogar einen Selbstmordversuch unternahm. Als das Mobbing-Opfer wieder im Betrieb erschien, gingen die Mobbing-Attacken und Beleidigungen weiter. Daraufhin kündigte der Arbeitgeber dem Vorgesetzten außerordentlich, also fristlos. Gegen diese Kündigung hatte der Vorgesetzte Kündigungsschutzklage erhoben, musste die Kündigung jedoch schließlich akzeptieren.

Das Urteil ist wegweisend, weil es für Mobbing-Opfer eine Beweiserleichterung geschaffen hat. Es stand fest, dass der Gemobbte unter typischen Symptomen litt, wie sie bei Mobbing häufig vorkommen. Da seine Schilderungen glaubhaft waren, nahm das Gericht an, dass die Krankheitssymptome tatsächlich durch das Mobbing verursacht wurden. Das ist nicht selbstverständlich. Eigentlich müssen solche Zusammenhänge in einem gerichtlichen Verfahren bewiesen werden – hier konnte man sie aber nur vermuten. Die Thüringer Arbeitsrichter hatten also die Schwierigkeit eines jeden Betroffenen erkannt, dass faktisch nie nachgewiesen werden kann, dass bestimmte Krankheitssymptome durch Mobbing verursacht werden – und ließen die bloße Behauptung des Betroffenen ausnahmsweise ausreichen. Die Rechte von Mobbing-Opfern wurden also ganz erheblich gestärkt.

Ein weiteres wegweisendes Urteil hat das Landesarbeitsgericht Rheinland-Pfalz gefällt:

Schmerzensgeld bewilligt

Ein leitender Mitarbeiter einer Bank wurde diskriminiert und übermäßig kontrolliert. Zudem wurden ihm Kompetenzen entzogen. Es traten mobbingtypische Gesundheitsstörun-

gen auf. Der Mitarbeiter klagte vor dem Arbeitsgericht nicht auf Beendigung des Mobbings, sondern auf Zahlung eines Schmerzensgelds. Das Schmerzensgeld sollte die Beeinträchtigungen durch die mobbingtypischen Gesundheitsstörungen ausgleichen. Zunächst hatte sich der Kläger vor dem Arbeitsgericht ein Schmerzensgeld in Höhe von ca. 25.000 Euro erstritten. Das akzeptierte der Arbeitgeber nicht und ging in Berufung. Die nächste Instanz, das Landesarbeitsgericht, reduzierte das Schmerzensgeld auf einen Betrag in Höhe von ca. 7.500 Euro. Dieses Urteil zeigt deutlich, dass es noch kaum gefestigte Rechtsprechung im Bereich Mobbing gibt und die Vorhersage eines Prozessausgangs somit nicht möglich ist.

Ein Urteil des Landesarbeitsgerichts Baden-Württemberg hat klargestellt, wie detailliert ein Mobbing-Opfer vor dem Arbeitsgericht die Mobbing-Handlungen beschreiben muss:

Mobbing-Tatbestand nicht eindeutig

Durch eine Alkoholerkrankung des Pflegedienstleiters eines Alten- und Pflegeheims fühlte sich dessen Stellvertreterin überlastet. Sie kündigte auf Anraten ihres Hausarztes und verlangte von der Geschäftsleitung Schadensersatz wegen entgangenen Verdienstes und Umzugskosten wegen Auszugs aus der Dienstwohnung.

Die Arbeitnehmerin konnte ihre Ansprüche nicht durchsetzen, weil sie den Mobbing-Tatbestand nicht beweisen konnte. Sie konnte zwar beweisen, dass ihr Vorgesetzter alkoholkrank und dass es zu Überforderungen gekommen war. Dies allein reichte jedoch nicht aus, um Schadensersatzansprüche geltend zu machen.

Die Arbeitnehmerin konnte also nicht beweisen, dass ihre Überforderung Mobbing war. Der Pflegedienstleiter hätte über die Alkoholerkrankung hinaus Angriffe gegen die Arbeitnehmerin richten müssen: Beispielsweise hätte er ihr gegenüber abfällige Bemerkungen machen oder Informationen vorenthalten müssen. Hierzu gab es jedoch im Prozess keine Anhaltspunkte. Die Arbeitnehmerin hat auch nicht ausreichend darlegen können, dass die berufliche Überforderung und ihre gesundheitlichen Beeinträchtigungen zusammenhängen.

Eine weitere klarstellende Entscheidung des Landesarbeitsgerichts Rheinland-Pfalz stammt aus dem Jahr 2002. Es hat die Klage eines Mobbing-Opfers abgewiesen, weil es in der Klage die Mobbing-Attacken nicht ausführlich genug beschrieben hatte. Zwar hatte der Kläger die Namen der Mobbenden genannt und auch zum Zeitraum der Mobbing-Aktionen Stellung genommen, das Mobbing jedoch nicht genau genug beschrieben.

Ein Urteil, das wiederum belegt, dass Mobbing-Opfer tatsächlich einen Ausgleich für die erlittenen Schikanen erhalten können, fällte das Arbeitsgerichts Dresden im Jahr 2003.

Schadensersatz und Schmerzensgeld zugesagt

Einer gemobbten Arbeitnehmerin wurde Schadensersatz in Höhe des Differenzbetrags zwischen Krankengeld und Bruttogehalt zugesprochen. Sie war durch Mobbing am Arbeitsplatz an einer schweren Depression erkrankt und konnte vor Gericht 20 Mobbing-Attacken nachweisen. Sie erhielt wegen der Verletzung ihres allgemeinen Persönlichkeitsrechts eine Entschädigung in Höhe von 25.000 Euro und ein Schmerzensgeld in Höhe von 15.000 Euro.

Welche Vor- und Nachteile hat ein Gerichtsprozess?

Sie müssen sich darüber im Klaren sein, dass jede Klage vor dem Arbeitsgericht einen an sich auf das Unternehmen beschränkten Konflikt nach außen trägt. Gerichtsverfahren vor den Arbeitsgerichten sind öffentlich. Damit kann jeder, der Interesse an der Sache hat, bei der Verhandlung anwesend sein. Zudem belastet ein Gerichtsprozess das Verhältnis zwischen Arbeitnehmer und Arbeitgeber. Aus diesem Grund sollten die Vor- und Nachteile eines Gerichtsprozesses sorgfältig gegeneinander abgewogen werden.

Mobbing-Prozesse sind sehr anspruchsvoll. Das hat mehrere Gründe: Dem von Mobbing betroffenen Arbeitnehmer stehen kaum Zeugen zur Verfügung. Zudem ist Mobbing oft nicht greifbar, da beispielsweise Gesten oder Ausschlüsse aus Gesprächen kaum beschreib- und noch weniger beweisbar sind. Gerichtsprozesse, in denen es um Mobbing geht, müssen sehr gut vorbereitet werden. Oft scheitern sie daran, dass der Gemobbte die Mobbing-Handlungen nicht exakt genug beschreiben kann. Es fehlen oft zwingende Angaben wie z. B. der Zeitpunkt der Handlung.

Prozesse vor den Arbeitsgerichten werden meist wegen Kündigungen geführt. Die Zahl der Prozesse, in denen Mobbing eine Rolle spielt, nimmt jedoch stetig zu. Dieser steigenden Anzahl stehen allerdings keine steigenden Erfolgschancen gegenüber: Den von Mobbing betroffenen Arbeitnehmern wird eher selten Schadensersatz oder Schmerzensgeld zugesprochen. Meist kann das Mobbing-Opfer das Vorliegen von Mobbing nicht beweisen.

Es ist wichtig, dass die einzelnen Mobbing-Tatbestände mit Datum, Uhrzeit, Ort, Beteiligten, Gegenstand und Ablauf genau dargestellt werden können.

Falls die Gegenseite – das wird meist der Arbeitgeber sein – den Tatbestand des Mobbings bestreitet, muss der Arbeitnehmer seine Behauptung beweisen. Als Beweis kommen regelmäßig nur Zeugenaussagen in Betracht. Allerdings ist der Zeugenbeweis ein Mittel, das mit erheblichen Unsicherheiten behaftet ist. Manchmal können sich Zeugen nicht genau genug erinnern. Zu bedenken ist, dass die Zeugen naturgemäß beim selben Arbeitgeber beschäftigt sind, sodass nicht unbedingt besonderes Engagement beim Erinnern an Mobbing-Tatbestände gegeben ist. Am besten ist es deshalb, ein Mobbing-Tagebuch vorlegen zu können, in dem die einzelnen Angriffe aufgezeichnet sind. Je genauer die Angaben im Mobbing-Tagebuch sind, desto eher kann der Nachweis des Mobbings gelingen.

Die Beweiskraft eines Mobbing-Tagebuchs ist natürlich begrenzt. Die höchste Beweiskraft haben beispielsweise schikanierende und beleidigende E-Mails des Mobbers. Diese wird es jedoch in den seltensten Fällen geben, da Mobber regelmäßig darauf achten, dass das Mobbing nicht nachzuweisen ist. Dennoch kommt dem Mobbing-Tagebuch eine große Bedeutung zu. Sind die Angaben darin schlüssig und widerspruchsfrei, kann ein erfahrener Richter durchaus deren Wahrheitsgehalt werten. Ist allerdings nur eine Angabe nachweisbar falsch, so hat das Mobbing-Tagebuch keinen Nutzen mehr. Deshalb ist zwingend auf die Richtigkeit von

Datums- oder Zeitangaben zu achten. Hatte nämlich beispielsweise der Mobber an einem dokumentierten Tag Urlaub, so kann er keine Mobbing-Handlung vorgenommen haben.

Wer trägt die Beweislast?

Mobbing-Opfer müssen vor Gericht beweisen, dass die Gesundheitsprobleme, unter denen sie leiden, auch tatsächlich vom Mobbing verursacht wurden.

Im Prozess um die Ansprüche des Mobbing-Opfers ist für den Erfolg der Klage oft die Beweislast entscheidend. Unter „Beweislast" versteht man die Verpflichtung des Klägers oder des Beklagten, die von ihm aufgestellten Behauptungen zu belegen. Den Beweis muss der Gemobbte selbstverständlich nur dann erbringen, wenn sein Arbeitgeber behauptet, es sei nie gemobbt worden und die Behauptungen des Arbeitnehmers seien falsch. Gibt der Arbeitgeber im Gerichtsprozess zu, dass der Arbeitnehmer tatsächlich den in der Klage beschriebenen Mobbing-Attacken ausgesetzt war, braucht dieser selbstverständlich keinen Beweis zu erbringen. Dies kommt jedoch selten vor. Fast immer bestreitet der Arbeitgeber, dass in seinem Betrieb gemobbt wird.

> *Beweislast*
> *Der unter Mobbing leidende Arbeitnehmer Müller erhebt Klage gegen seinen Arbeitgeber. Er verlangt Schmerzensgeld, da er durch die jahrelangen Schikanen seines Vorgesetzten chronische Kopfschmerzen entwickelt hat. Es reicht nicht aus, dass er in seiner Klageschrift genau beschreibt, welchen Mobbing-Attacken er ausgesetzt ist. Er muss das*

Mobbing auch beweisen können, indem er z. B. ein Mobbing-Tagebuch vorlegt. Sollten belastende E-Mails vorhanden sein, müssen auch diese in den Prozess eingeführt werden. Auch Zeugen können benannt werden. Sollte der Arbeitgeber allerdings im Gerichtsverfahren das Mobbing zugeben, so braucht Herr Müller nichts zu beweisen.

Der Arbeitnehmer muss im Prozess beweisen, dass es Mobbing-Handlungen gegeben hat. Er muss systematische Anfeindungen darlegen, die in einem zeitlichen Zusammenhang stehen. Er hat auch nachzuweisen, dass den Arbeitgeber an dem Mobbing ein Verschulden trifft. Das Verschulden des Arbeitgebers kann darin bestehen, dass er das Mobbing nicht verhindert hat, obwohl er wusste, dass in seinem Unternehmen gemobbt wird.

Diese Ausschlussfristen müssen Sie beachten

Ausschlussfristen sind Fristen, innerhalb derer Ansprüche aus dem Arbeitsverhältnis geltend gemacht werden müssen. Solche Fristen sind in Arbeitsverträgen, Tarifverträgen oder Betriebsvereinbarungen enthalten. Werden Ansprüche nicht innerhalb der vorgesehenen Frist geltend gemacht, können sie nicht mehr durchgesetzt werden.

Man unterscheidet die einstufige von der zweistufigen Ausschlussfrist. Bei einer einstufigen Ausschlussfrist gilt, dass die Ansprüche innerhalb einer bestimmten Frist gegenüber der anderen Partei geltend gemacht werden müssen. Fehlt diese Geltendmachung, so kann der Anspruch nicht mehr durchgesetzt werden. Bei der zweistufigen Ausschlussfrist muss der Anspruch ebenfalls innerhalb einer bestimmten Frist gegenüber dem Arbeitgeber geltend gemacht werden. Es kommt aber hinzu, dass der Anspruch zudem innerhalb einer bestimmten Frist nach Ablehnung des Anspruchs oder fehlender Äußerung des Arbeitgebers gerichtlich geltend gemacht werden muss.

Diese Fristen dürfen in Arbeitsverträgen regelmäßig nicht kürzer als drei Monate sein. Die Ausschlussfristen gelten übrigens auch dann, wenn der Arbeitnehmer von ihnen keine Kenntnis hat oder deren rechtliche Bedeutung unterschätzt.

Sehen Sie vorsorglich Ihren Arbeitsvertrag auf Ausschlussfristen durch. Meist finden sich die entsprechenden Klauseln erst am Ende des Vertragstextes. Nicht nur im Fall von Mobbing können Sie nach Ablauf der Ausschlussfrist Ihren Anspruch nicht mehr geltend machen. Ausschlussfristen gelten für alle Ansprüche, die Sie gegenüber Ihrem Arbeitgeber haben. Dazu gehören also auch Ansprüche auf Zahlung von Gehalt.

Falls für Ihr Arbeitsverhältnis ein Tarifvertrag gilt, sollten Sie sich unbedingt dessen Text besorgen. Wenden Sie sich hierzu an den Betriebsrat oder die Personalabteilung. Dasselbe gilt für Betriebsvereinbarungen.

In Mobbing-Fällen beginnt die Ausschlussfrist wegen der systematischen, sich aus mehreren einzelnen Handlungen zusammensetzenden Verletzungshandlung erst mit der zeitlich letzten Mobbing-Handlung. Dabei gilt, dass die länger zurückliegenden Vorfälle nur dann zu berücksichtigen sind, wenn sie in einem Zusammenhang mit den späteren Mobbing-Handlungen stehen. Nach der Rechtsprechung des Bundesarbeitsgerichts ist eine Gesamtschau vorzunehmen, ob einzelne Verletzungen des allgemeinen Persönlichkeitsrechts ein übergreifendes systematisches Vorgehen darstellen. Dabei gilt, dass ein systematischer Zusammenhang umso unwahrscheinlicher ist, je länger die Mobbing-Handlung zurückliegt und je länger die Mobbing-Unterbrechung ist. Eine Unterbrechung kann durch Urlaub, Arbeitsunfähigkeit oder eine sonstige Abwesenheit des Mobbers oder des gemobbten Arbeitnehmers entstehen. In diesen Fällen ist die Unterbrechung bei der Beurteilung, ob ein systematischer Zusammenhang der Mobbing-Handlungen vorliegt, nicht zu berücksichtigen. Der systematische Zusammenhang der Mobbing-Handlungen wird aber dann unterbrochen, wenn der Mobber mehrere Wochen oder Monate keine Mobbing-Handlungen mehr vornimmt, obwohl er hierzu die Möglichkeit hätte.

Welche Kosten entstehen bei einem Mobbing-Prozess?

Dass Gerichtsprozesse Geld kosten, ist bekannt. Weniger bekannt sind jedoch die Besonderheiten des arbeitsgerichtlichen Verfahrens. Wenn Sie sich überlegen, Ihre Ansprüche gerichtlich durchzusetzen, spielt neben den Erfolgsaussichten der Klage auch der Kostenfaktor eine Rolle.

Gerichtskosten

Für eine Klage vor dem Arbeitsgericht hat der Kläger zunächst keine Gerichtskosten zu bezahlen. Dies ist in Prozessen vor den Amts- oder Landgerichten anders. Dort wird die Klage dem Prozessgegner erst dann zugestellt, wenn die Gerichtsgebühren im Voraus bezahlt wurden.

Endet das arbeitsgerichtliche Verfahren mit einem Vergleich, so braucht weder der Kläger noch der Beklagte Gerichtskosten zu bezahlen. Ein Vergleich ist eine Vereinbarung zwischen Arbeitgeber und Arbeitnehmer, die das Gerichtsverfahren einvernehmlich beendet.

Gütliche Einigung

Ein Arbeitnehmer klagt gegen seinen Arbeitgeber auf Zahlung von Schmerzensgeld, da er von seinem Vorgesetzten gemobbt wurde und der Arbeitgeber dies wusste. Während des Gerichtsverfahrens stellt sich heraus, dass in einer anderen Abteilung des Unternehmens ein Arbeitsplatz frei geworden ist, an dem der Arbeitnehmer interessiert ist. Daraufhin einigen sich die beiden Parteien darauf, dass der Arbeitnehmer in diese Abteilung versetzt wird und im Gegenzug auf Schmerzensgeldansprüche verzichtet.

Ein Vergleich schließt das Verfahren endgültig ab. Die vom Vergleich umfassten Ansprüche können deshalb nicht zu einem späteren Zeitpunkt nochmals Gegenstand einer Klage sein.

Manche arbeitsgerichtliche Verfahren enden mit einem Urteil. Dann zahlt die unterlegene Prozesspartei die Gerichtskosten.

Etwa 90 % aller Klagen vor den Arbeitsgerichten enden mit einem Vergleich. Dieser Vergleich wird meist schon im sog. Gütetermin abgeschlossen. Der Gütetermin findet wenige Wochen nach Eingang der Klage beim Arbeitsgericht statt. Da die Dauer der Güteverhandlung von den Arbeitsrichtern meist recht kurz bemessen wird – manchmal nur 20 Minuten –, muss auf deren Vorbereitung besonderer Wert gelegt werden. Nebensächlichkeiten dürfen auf keinen Fall zur Sprache kommen. Sie verkürzen die ohnehin knappe Verhandlungszeit nochmals. Wenn es in der Güteverhandlung zu keiner Einigung kommt, wird von den Arbeitsgerichten ein sog. Kammertermin anberaumt. Findet beim Kammertermin ebenfalls keine Einigung statt, wird durch Urteil entschieden.

Rechtsanwaltskosten

Im arbeitsgerichtlichen Verfahren gelten auch für die Rechtsanwaltskosten Besonderheiten. In den vor den Amts- und Landgerichten geführten Gerichtsprozessen trägt die unterlegene Prozesspartei die Rechtsanwaltskosten der jeweiligen Gegenseite. Im Arbeitsrecht hingegen gibt es bezüglich der Kostenerstattung eine Besonderheit in der 1. Instanz: Jede Partei trägt ihre außergerichtlichen und ihre gerichtlichen Rechtsanwaltskosten selbst, völlig unabhängig davon, ob sie den Gerichtsprozess gewonnen oder verloren hat. Das bedeutet für einen von Mobbing Betroffenen, dass er seinen Rechtsanwalt auf jeden Fall in der 1. Instanz vor dem Arbeitsgericht selbst bezahlen muss.

Selbstverständlich kann in einem Vergleich eine andere Regelung hinsichtlich der Rechtsanwaltskosten vereinbart werden.

Etwas anderes gilt für die 2. Instanz, also für das Verfahren vor den Landesarbeitsgerichten. Diejenige Partei, die den Gerichtsprozess verliert, trägt alle Rechtsanwaltskosten, einschließlich derjenigen der anderen Partei.

Wenn Sie zunächst keinen Gerichtsprozess führen, sondern nur von einem Rechtsanwalt beraten werden möchten, müssen Sie die Kosten für die Beratung selbst tragen. Nach dem Rechtsanwaltsvergütungsgesetz soll der Rechtsanwalt auf eine Gebührenvereinbarung hinwirken. Damit ist gemeint, dass Rechtsanwalt und Mandant die Gebührenvereinbarung frei aushandeln können. Wird eine solche Vereinbarung nicht getroffen, kann der Rechtsanwalt die übliche Vergütung, also das marktübliche Beratungshonorar, fordern. Oft wird der Rechtsanwalt von sich aus eine Vereinbarung vorschlagen. Dies kann entweder eine pauschale Gebühr sein oder ein Stundensatz.

Für eine sog. Erstberatung gibt es im Rechtsanwaltsvergütungsgesetz eine Bestimmung, die eine Obergrenze für die Rechtsanwaltskosten in Höhe von 190 Euro zzgl. Mehrwertsteuer festlegt. Diese Begrenzung gilt allerdings nur dann, wenn zwischen Rechtsanwalt und Mandant keine besondere Vereinbarung in Bezug auf die Gebühr getroffen wird.

Übrigens sind Aufwendungen des Arbeitnehmers zur Abwendung von Mobbing Werbungskosten. Wenn Sie also im Zusammenhang mit Mobbing einen Rechtsanwalt aufsuchen und Rechtsanwaltsgebühren bezahlen müssen, können Sie diese steuermindernd beim Finanzamt geltend machen.

Rechtsschutzversicherung

Rechtsschutzversicherungen müssen auch in Mobbing-Fällen die Rechtsanwalts- und Gerichtskosten übernehmen. Allerdings muss der rechtsschutzversicherte Arbeitnehmer nachweisen können, dass sein Arbeitgeber einen Rechtsverstoß begangen hat. Möchte ein Arbeitnehmer sich nur vorsorglich von einem Rechtsanwalt über Mobbing beraten lassen, so muss die Rechtsschutzversicherung die dabei entstehenden Rechtsanwaltskosten nicht erstatten.

Der Schutz einer Rechtsschutzversicherung beginnt erst mit Ablauf der dreimonatigen Wartefrist.

Die Rechtsschutzversicherung muss übrigens die Rechtsanwaltskosten auch dann nicht übernehmen, wenn sie nicht vor Beginn der Tätigkeit des Rechtsanwalts über die Streitigkeit informiert wurde.

Informieren Sie bereits vor dem ersten Gespräch Ihren Rechtsanwalt von dem Bestehen einer Rechtsschutzversicherung. In vielen Fällen wird der Rechtsanwalt aus Kulanz die Kostendeckungszusage vom Rechtsschutzversicherer einholen und für diese Tätigkeit von Ihnen keine Rechtsanwaltsgebühren verlangen.

Prozesskostenhilfe

Ist der Kläger nach seinen persönlichen und wirtschaftlichen Verhältnissen nicht in der Lage, die Kosten des arbeitsgerichtlichen Verfahrens ganz oder teilweise aufzubringen, kann er beim Arbeitsgericht Prozesskostenhilfe beantragen.

Der Antrag auf Prozesskostenhilfe muss möglichst frühzeitig gestellt werden, damit auch alle Kosten vom Antrag umfasst sind. Wenn Sie den Antrag erst kurz vor Erlass eines Urteils stellen, sind die bisher entstandenen Rechtsanwalts- und Gerichtskosten nicht darin enthalten.

Sie erhalten Prozesskostenhilfe allerdings nur dann, wenn die beabsichtigte Rechtsverfolgung nicht von vornherein aussichtslos ist. Die Klage muss also eine gewisse Aussicht auf Erfolg haben. Zudem müssen Vermögensangaben des Antragstellers die Gewährung von Prozesskostenhilfe rechtfertigen. Auf dem Antrag müssen Sie also Angaben zu Einkommen und Vermögen machen. Ihre Ausgaben für Miete und Unterhaltspflichten werden selbstverständlich ebenfalls berücksichtigt.

Das Arbeitsgericht kann einer wirtschaftlich bedürftigen Partei auf deren Antrag hin einen Rechtsanwalt beiordnen, wenn diese Prozesspartei nicht von einem Mitglied der Gewerkschaft vertreten wird und die Gegenpartei einen Rechtsanwalt hat.

Sie müssen eine Klage übrigens nicht zwingend über einen Rechtsanwalt erheben – das können Sie auch selbst tun. Dazu müssen Sie sich an die Rechtsantragsstelle wenden, die jedes Arbeitsgericht hat. Dort wird die Klage vom Urkundsbeamten zu Protokoll genommen. Dieser Urkundsbeamte hilft Ihnen zwar bei den Formulierungen, gibt jedoch keine Rechtsberatung.

Selbstverständlich können Sie eine Klage auch selbst schriftlich einreichen. Hierzu müssen Sie einen Brief an das Arbeitsgericht schreiben, in dem steht, gegen wen Sie Klage erheben und was Sie mit dieser Klage erreichen wollen. Außerdem müssen Sie begründen, weshalb Sie glauben, dass Ihnen dieser Anspruch zusteht. Diesen Brief müssen Sie natürlich unterzeichnen.

Allerdings ist in Mobbing-Fällen dringend davon abzuraten, selbst Klage zu erheben. Mobbing-Klagen sind in rechtlicher Hinsicht meist sehr anspruchsvoll und bedürfen ausführlicher Vorbereitung. Dies kann von einem juristischen Laien nicht geleistet werden.

Auf den Punkt gebracht

Manchmal ist ein Gerichtsprozess die letzte Möglichkeit für einen gemobbten Arbeitnehmer, seine Rechte durchzusetzen. Allerdings ist die Vorbereitung eines solchen Prozesses langwierig und belastend, auch in finanzieller Hinsicht. Es müssen beispielsweise ärztliche Gutachten eingeholt und bewertet werden. Dennoch nehmen immer mehr Mobbing-Opfer die Gerichte in Anspruch, wenn es um die Durchsetzung ihrer Rechte geht. Übrigens gibt es mehr Urteile zum Thema Mobbing, als es auf den ersten Blick den Anschein hat. Juristen meiden den schlagwortartigen Begriff Mobbing eher. Der juristische Gehalt dieses Begriffs ist gering. Rechtsanwälte und Richter stellen deshalb die Verletzung arbeitsvertraglicher Pflichten in den Vordergrund. Es gibt viele Gerichtsurteile über Mobbing, die den Begriff Mobbing nicht einmal erwähnen.

Stichwortverzeichnis

Die Autorin

Dr. Margit Böhme ist Rechtsanwältin und Fachanwältin für Arbeitsrecht in Esslingen. Sie ist zudem an der Universität Hohenheim Lehrbeauftragte für das Arzthaftungsrecht. Sie ist auch durch arbeitsrechtliche Fachpublikationen als Kennerin der Materie ausgewiesen.

Impressum:
Verlag C. H. Beck im Internet: www.beck.de
ISBN Print: 978-3-406-73938-5
ISBN E-Book: 978-3-406-73939-2

Wilhelmstraße 9, 80801 München
Satz: Fotosatz Buck, 84036 Kumhausen
Druck und Bindung: Beltz Bad Langensalza GmbH
Am Fliegerhorst 8, 99947 Bad Langensalza
Umschlaggestaltung: Ralph Zimmermann – Bureau Parapluie
Umschlagbild: © Marcus Kretschmar – fotolia.com
Gedruckt auf säurefreiem, alterungsbeständigem Papier
(hergestellt aus chlorfrei gebleichtem Zellstoff)